DAMIANI EDITORE
Via Zanardi, 376
Tel. +39.051.6350805
Fax +39.051.6347188
40131 Bologna - Italy
www.damianieditore.it
info@damianieditore.it

Printed on
Magno Satin 170gr.
distributed by

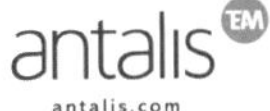

PHOTOGRAPHS
Luca Trascinelli

PP. 138-140
Massimiliano Galliani

TEXT
© Omar Galliani
© Marisa Vescovo

TRANSLATION
Nicholas Hunt

PP. 4-5
Sandra Moss

COVER DESIGN
Massimiliano Galliani

Omar Galliani
SANTI
21 January - 21 February 2007

Galleria d'Arte Soave,
Alessandria, Italy

OMAR GALLIANI

SANTI

1995 - 2007

DAMIANI

SAINTS

SAINTS EVERY DAY SAINTS EVERY NIGHT SAINTS IN EVERY DREAM SAINTS FOR STRENGTH SAINTS FOR LOVE SAINTS IN GLORY SAINTS IN PAIN SAINTS IN DARKNESS SAINTS IN THE LIGHT SAINTS IN THE SEA SAINTS IN THE SKY SAINTS IN THE GROUND FULL SAINTS EMPTY SAINTS JUST SAINTS ALL SAINTS SAINTS FOR NOTHING SAINTS THIEVES SAINTS IN MUD SAINTS IN SHADE NEWBORN SAINTS DEAD SAINTS FAITHFUL SAINTS INSIDE SAINTS OUTSIDE SAINTS DEAR SAINTS POOR SAINTS SAVED SAINTS KILLED SAINTS ILL SAINTS BRAINWASHED SAINTS BLINDFOLDED SAINTS INNOCENT SAINTS SAD SAINTS CONTENTED SAINTS SAINTS IN THE STREET SAINTS IN THE TRAIN SAINTS IN CHURCH SAINTS IN FLIGHT SAINTS IN THE BANK NAKED SAINTS DIRTY SAINTS PERFUMED SAINTS BURNT SAINTS FORGOTTEN SAINTS OFFENDED SAINTS INSULTED SAINTS HEAVY SAINTS BRIEF SAINTS HANGED SAINTS RECLINING SAINTS DROWNED SAINTS CASTRATED SAINTS SICK SAINTS SPIED ON SAINTS NAILED SAINTS FORBIDDEN SAINTS WINGED SAINTS BLIND SAINTS MUTILATED SAINTS EXPECTED SAINTS FAR AWAY SAINTS RETURNED SAINTS DEPARTED SAINTS SWEARING SAINTS FUCKED UP SAINTS ELEGANT SAINTS DRUNKEN SAINTS DRUGGED SAINTS SURROUNDED SAINTS WOUNDED SAINTS SOAKED SAINTS EARTHQUAKE SAINTS DROWNED SAINTS SLASHED SAINTS CHEATED SAINTS REFUSED SAINTS STINKY SAINTS GOLDEN SAINTS BEWITCHED SAINTS PAINTED SAINTS SCULPTED SAINTS CRAZY SAINTS PLAYFUL SAINTS SUNG SAINTS TOLD SAINTS EARTHBOUND SAINTS IMPALED SAINTS PAID SAINTS SEEN SAINTS DECEIVED SAINTS DUPED SAINTS FRUSTRATED

SAINTS HEALTHY SAINTS CRAZY SAINTS NUMBERED SAINTS SEALED SAINTS LOBOTOMIZED SAINTS FALLEN SAINTS FINED SAINTS FREED SAINTS HALLUCINATING SAINTS VACCINATED SAINTS ELONGATED SAINTS OBESE SAINTS ANOREXIC SAINTS WINDY SAINTS OBLIGATED SAINTS ADORED SAINTS IMPALED SAINTS FUCKED SAINTS KISSED SAINTS VIOLATED SAINTS STARVED SAINTS DRUNKEN SAINTS BLINDFOLDED SAINTS DISAPPEARING SAINTS HEALED SAINTS IMPRISONED SAINTS SOLD SAINTS SAINTS IN PAIN COLORFUL SAINTS BLACK SAINTS WHITE SAINTS YELLOW SAINTS DIFFERENT SAINTS WICKED SAINTS GOOD SAINTS BOUGHT SAINTS DELUDED SAINTS DISAPPOINTED SAINTS FUSED SAINTS EMACIATED SAINTS LIAR SAINTS HONEST SAINTS DISENCHANTED SAINTS HEDONISTIC SAINTS LOSER SAINTS BLIND SAINTS DEAF SAINTS HEARTLESS SAINTS POOR SAINTS BLOODLESS SAINTS POISONED SAINTS SAINTS WITHOUT HALOS SHOELESS SAINTS SAINTS FACE DOWN ON THE SCAFFOLD OF ASPHALT AND STEEL DISENCHANTED BETWEEN THE BLUE CRYSTAL TOWERS OF HONG KONG OR IN THE MUD BEDS OF CALCUTTA, BETWEEN THE THOUSAND SHEETS OF STEEL BLOWN APART IN THE LAST HEART OF MANHATTAN BETWEEN THE ROSARY OF FAKE AND FINISHED LITANY, ON THEIR KNEES ON MIRRORS PAINTED BLACK AND SEARCHING FOR A REFLECTION IN A THIN SUN PREGNANT WITH ACID WAVES. YOU WHO GREETED SUNRISE READING THE PAPER ON WHATEVER DAY THINKING THAT THIS IS THE LAST DAY OF THE WORLD, HOPING FOR A NEW WORLD..... YOU, ARE SAINTS...... IN EVERY DAY OF THE WORLD.

Omar Galliani

SANTI

SANTI TUTTI I GIORNI SANTI TUTTE LE NOTTI SANTI IN TUTTI I SOGNI SANTI PER FORZA SANTI PER AMORE SANTI IN GLO-RIA SANTI IN PENA SANTI NEL BUIO SANTI NELLA LUCE SANTI NEL MARE SANTI NEI CIELI SANTI IN TERRA SANTI NEL PIENO SANTI NEL VUOTO SANTI APPENA SANTI TUTTI SANTI PER NIENTE SANTI LADRI SANTI NEL FANGO SANTI NELL'OMBRA SANTI APPENA NATI SANTI MORTI SANTI IN FEDE SANTI DENTRO SANTI FUORI SANTI CARI SANTI POVERI SANTI SALVATI SANTI AMMAZZATI SANTI MALATI SANTI PLAGIATI SANTI BENDATI SANTI INNOCENTI SANTI AFFLITTI, SANTI CONTENTI SANTI IN STRADA SANTI IN TRENO SANTI IN CHIESA SANTI IN VOLO SANTI IN BANCA SANTI NUDI SANTI SPORCHI SANTI PROFUMATI SANTI BRUCIATI SANTI DIMENTICATI SANTI OFFESI SANTI VILIPE-SI SANTI PESI SANTI BREVI SANTI APPESI SANTI STESI SANTI ANNEGATI SANTI EVIRATI SANTI AMMALATI SANTI SPIATI SANTI INCHIODATI SANTI VIETATI SANTI ALATI SANTI CIECHI SANTI MUTILATI SANTI ATTESI SANTI ALLON-TANATI SANTI TORNATI SANTI PARTITI SANTI BESTEMMIA-TI SANTI DEL CAZZO SANTI ELEGANTI SANTI UBRIACHI SANTI DROGATI SANTI ACCERCHIATI SANTI FERITI SANTI ALLUVIONATI SANTI TERREMOTATI SANTI AFFOGATI SANTI SFREGIATI SANTI FREGATI SANTI RIFIUTATI SANTI ODORA-TI SANTI DORATI SANTI STREGATI SANTI DIPINTI SANTI SCOLPITI SANTI SUONATI SANTI GIOCATI SANTI CANTATI SANTI RACCONTATI SANTI PLANATI SANTI IMPALATI SANTI PAGATI SANTI AVVISTATI SANTI FUORVIATI SANTI RAGGI-RATI SANTI FRUSTRATI SANTI SANI SANTI MATTI SANTI

NUMERATI SANTI BOLLATI SANTI LOBOTOMIZZATI SANTI CADUTI SANTI MULTATI SANTI AMNISTIATI SANTI ALLUCINATI SANTI VACCINATI SANTI ALLUNGATI SANTI OBESI SANTI ANORESSICI SANTI VENTILATI SANTI OBBLIGATI SANTI VENERATI SANTI INFILZATI SANTI SCOPATI SANTI BACIATI SANTI VIOLENTATI SANTI AFFAMATI SANTI ALCOLIZZATI SANTI BENDATI SANTI SPARITI SANTI GUARITI SANTI IMPRIGIONATI SANTI VENDUTI SANTI ADDOLORATI SANTI COLORATI SANTI NERI SANTI BIANCHI SANTI GIALLI SANTI DIVERSI SANTI CATTIVI SANTI BUONI SANTI COMPRATI SANTI ILLUSI SANTI DELUSI SANTI FUSI SANTI SCIUPATI SANTI BUGIARDI SANTI ONESTI SANTI DISILLUSI SANTI GAUDENTI SANTI PERDENTI SANTI NON VEDENTI SANTI NON UDENTI SANTI SENZA CUORE SANTI INDIGENTI SANTI SENZA SANGUE SANTI AVVELENATI SANTI SENZA AUREOLA SANTI SCALZI SANTI PROSTRATI SU PATIBOLI D'ASFALTO E ACCIAIO DISINCANTATI TRA I CRISTALLI AZZURRATI NELLE TORRI DI HONG KONG O NEI LETTI DI FANGO A CALCUTTA, TRA LE MILLE LAME D'ACCIAIO ESPLOSE DALL'ULTIMO CUORE DI MANHATTAN TRA ROSARI DI FINTE E FINITE LITANIE, INGINOCCHIATI SU SPECCHI DIPINTI DI NERO A CERCARE IL RIFLESSO IN UN SOLE MAGRO DI LUCE E GRAVIDO DI ONDE ACIDE. VOI CHE SALUTATE L'ALBA LEGGENDO IL GIORNALE DI UN GIORNO QUALUNQUE PENSANDO CHE QUESTO SIA L'ULTIMO GIORNO DEL MONDO SPERANDO IN UN NUOVO MONDO........VOI, SIETE SANTI.......IN TUTTI I GIORNI DEL MONDO.

Omar Galliani

disegno | 1995

matita su tavola cm 306x185
pencil on board cm 306x185

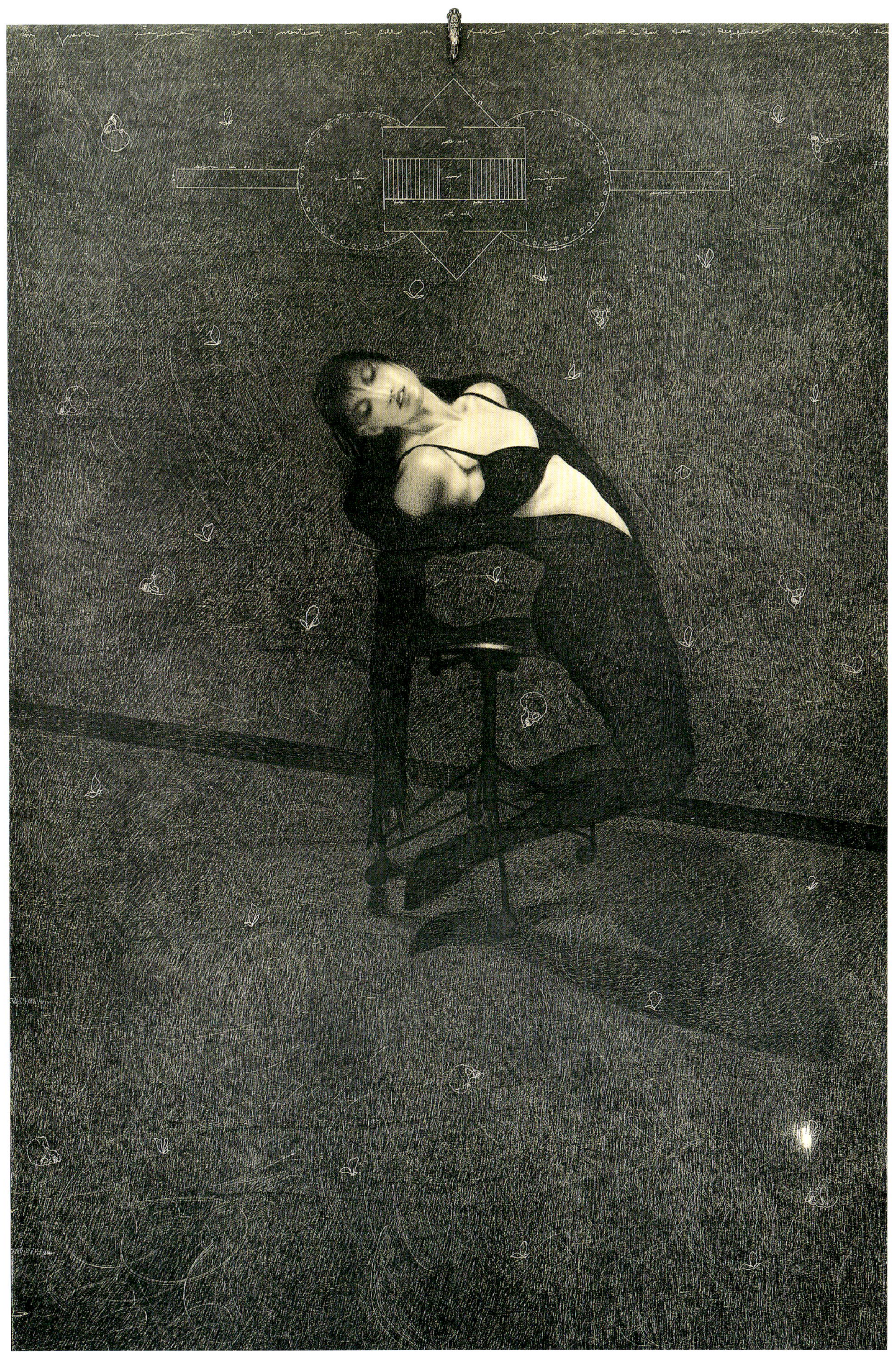

nuovi santi | 2005

matita su tavola cm 306x185
pencil on board cm 306x185

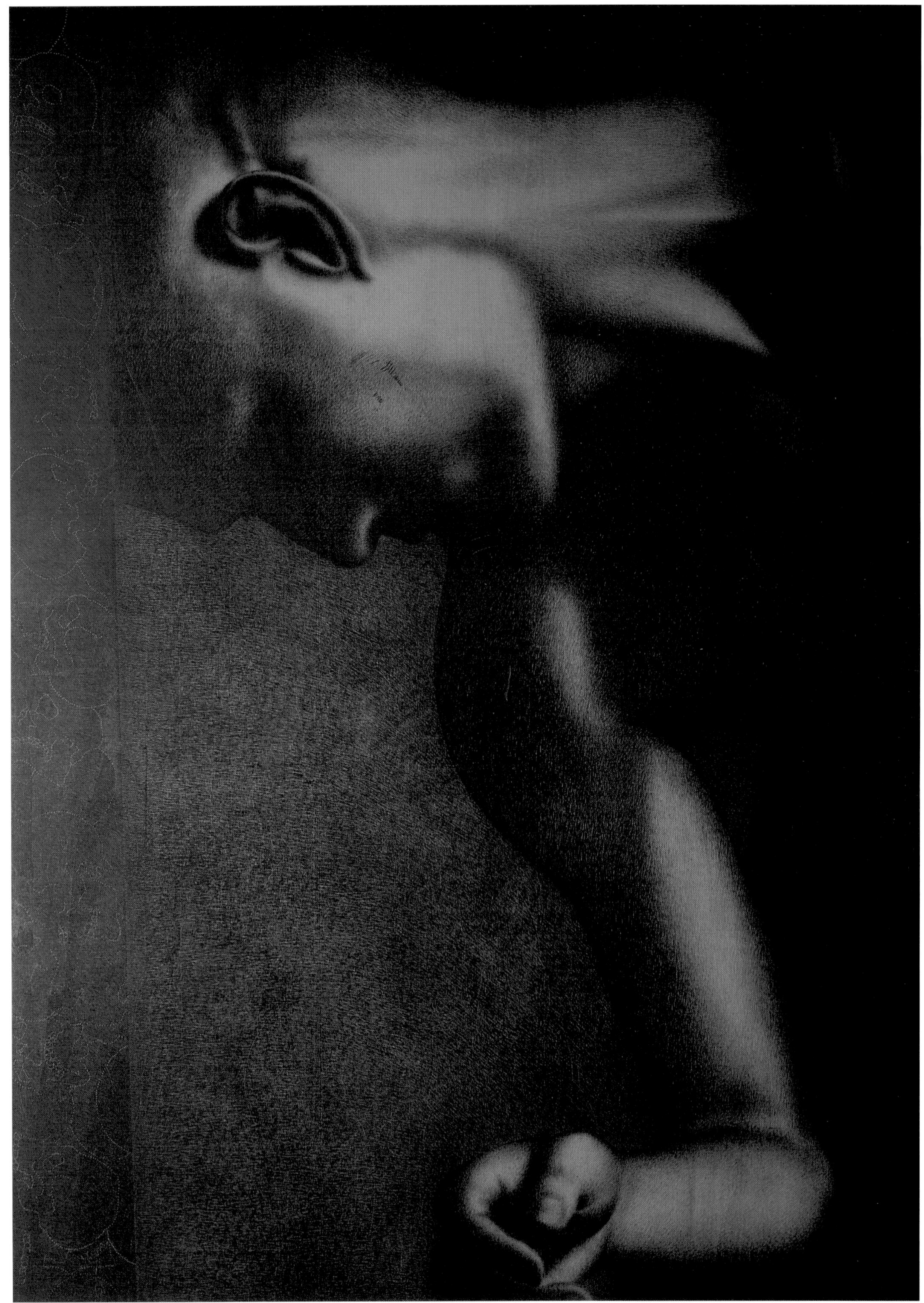

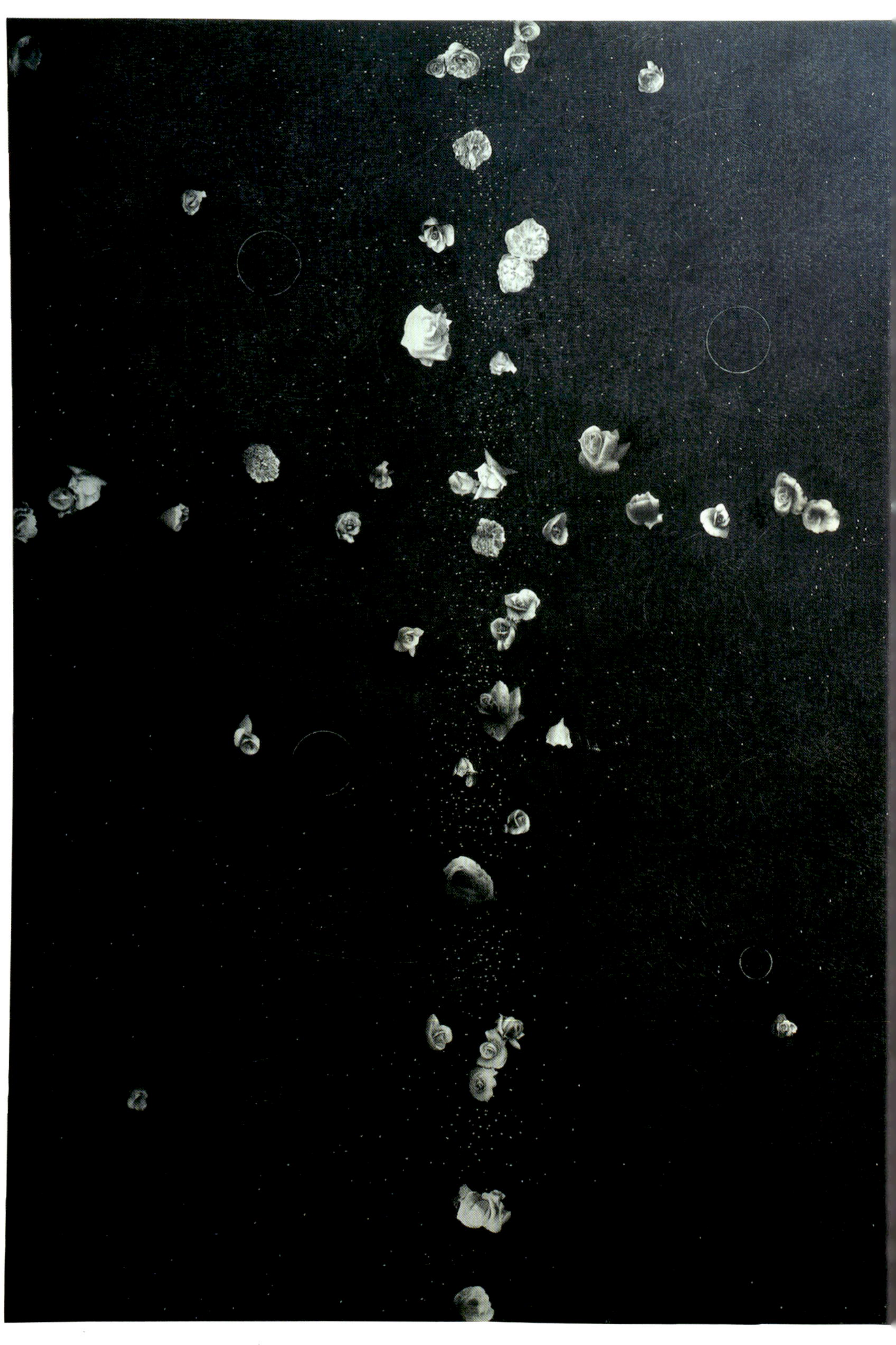

41 rose | 2003
matita su tavola
+ pigmento
cm 306x370
pencil on board
+ pigment
cm 306x370

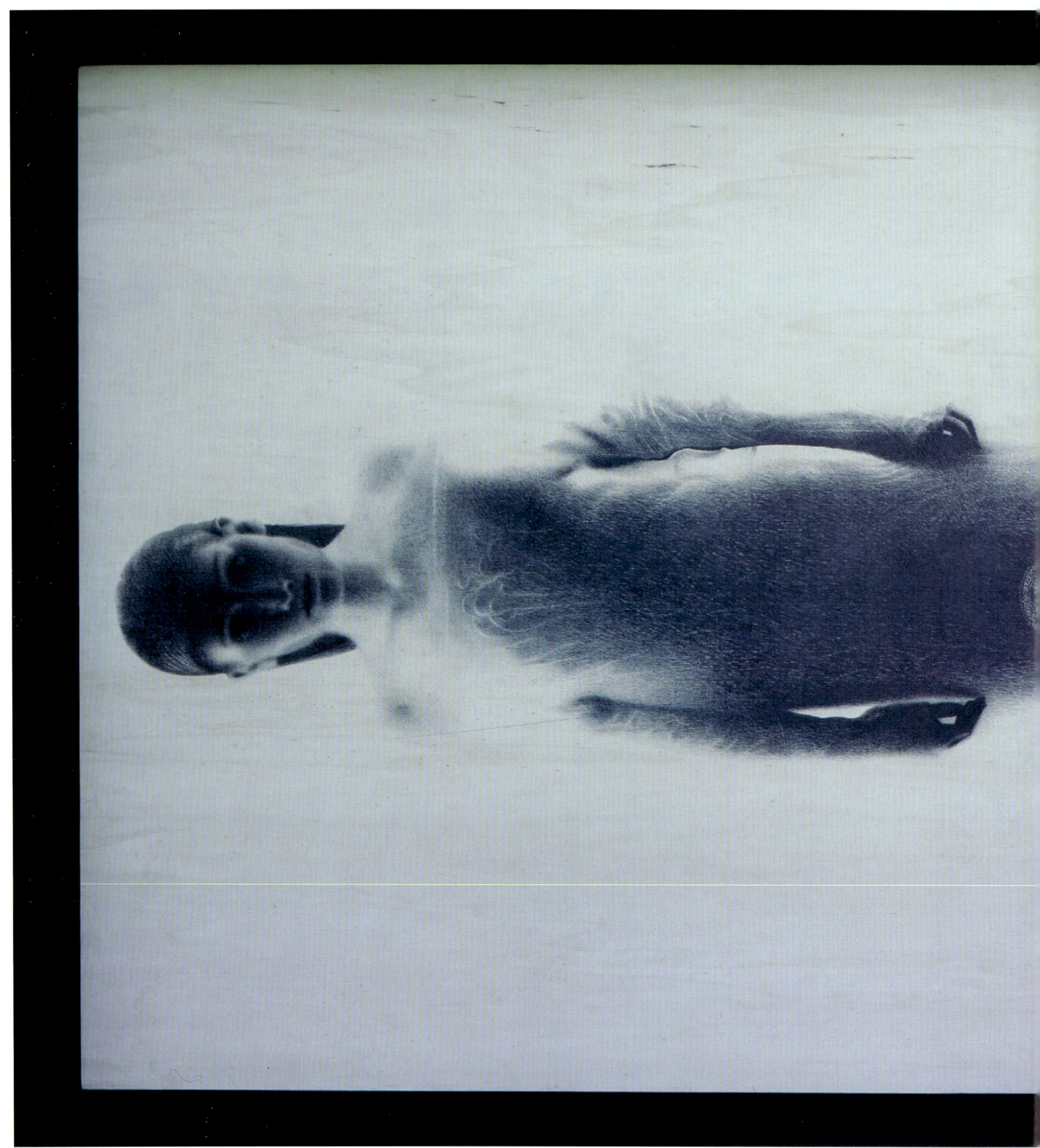

grande disegno siamese | 2001

matita su tavola cm 125x251
pencil on board cm 125x251

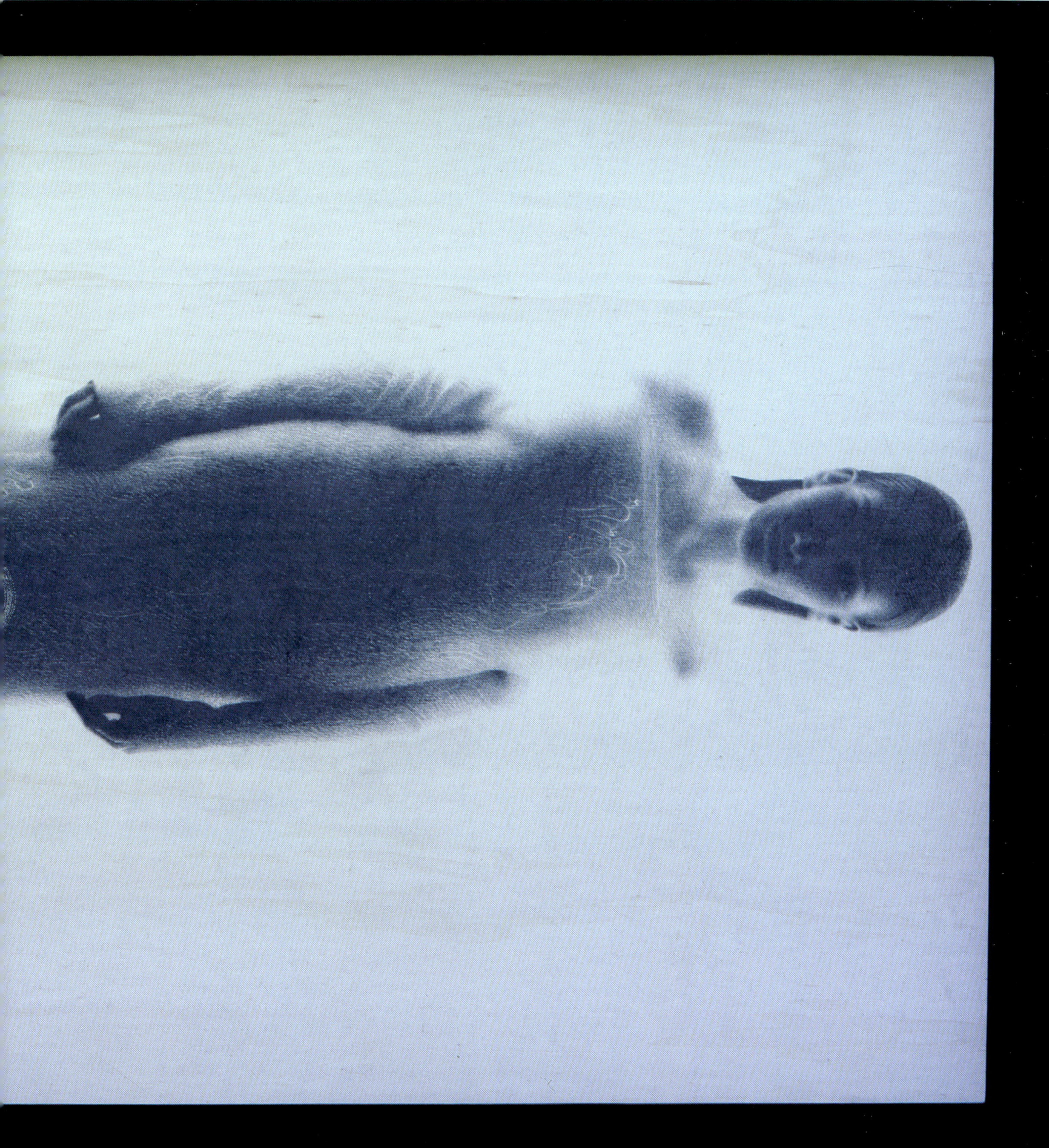

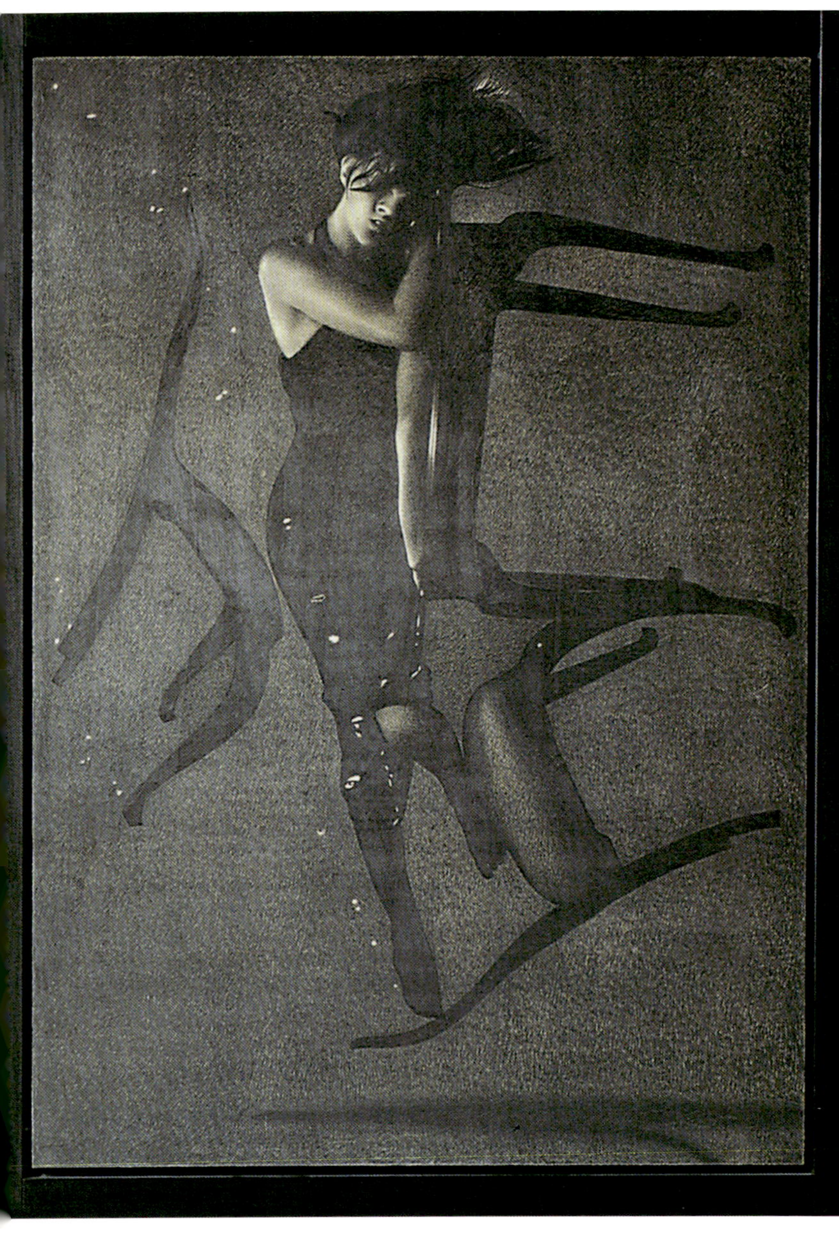

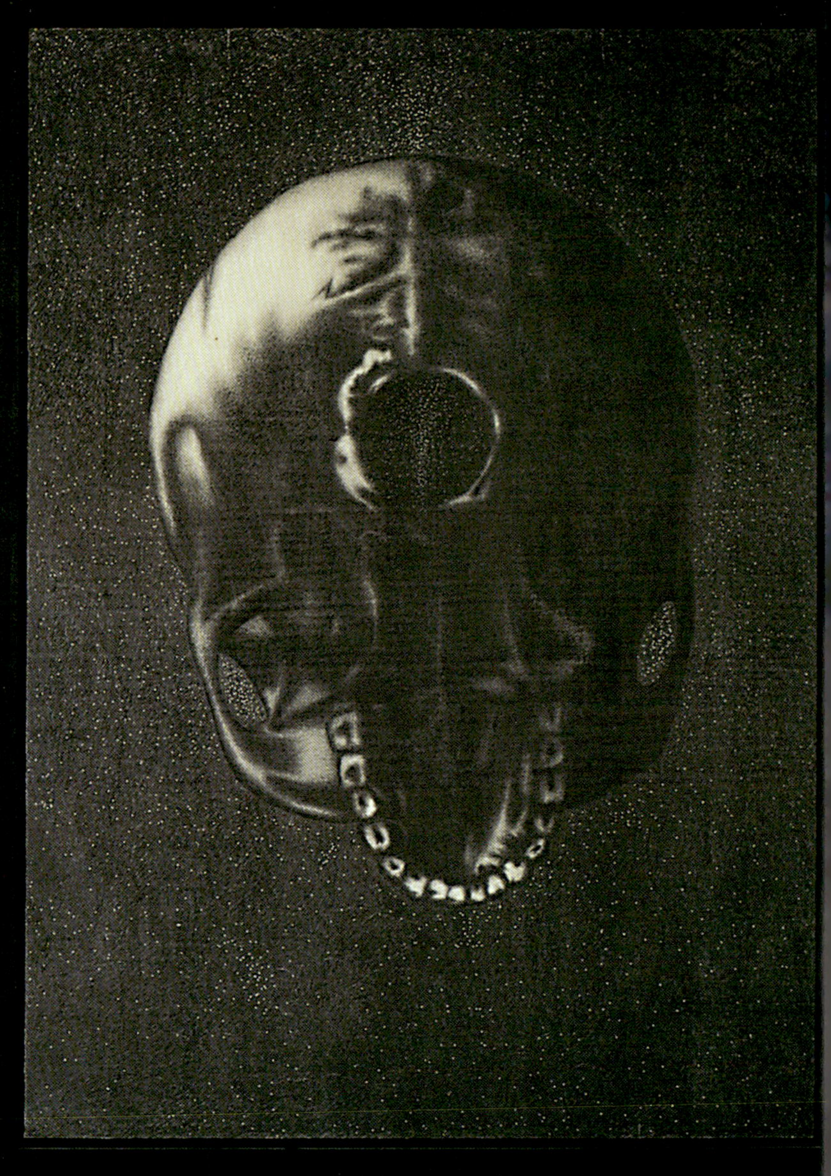

breve storia del tempo | 2001

matita su tavola trittico cm 306x555

pencil on board triptych cm 306x555

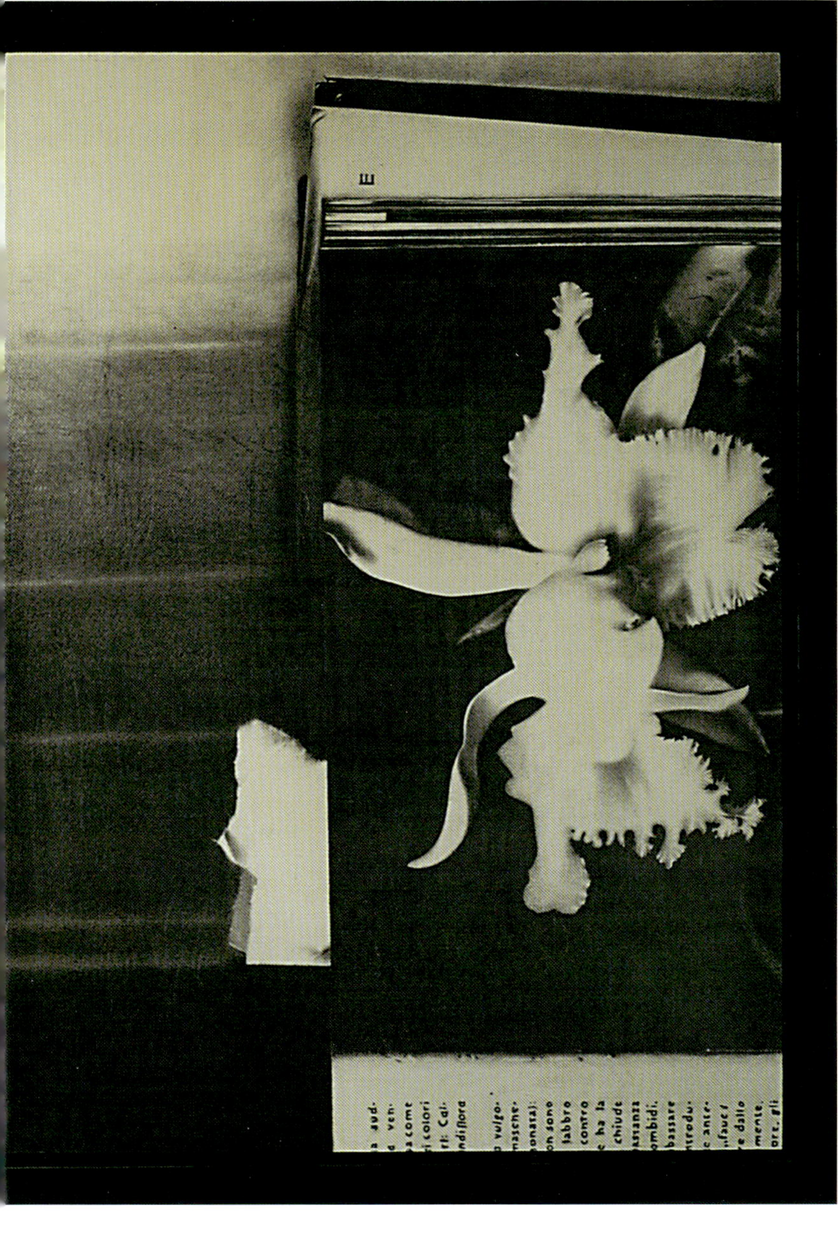

grande disegno siamese | 2001

matita su tavola cm 306x185
pencil on board cm 306x185

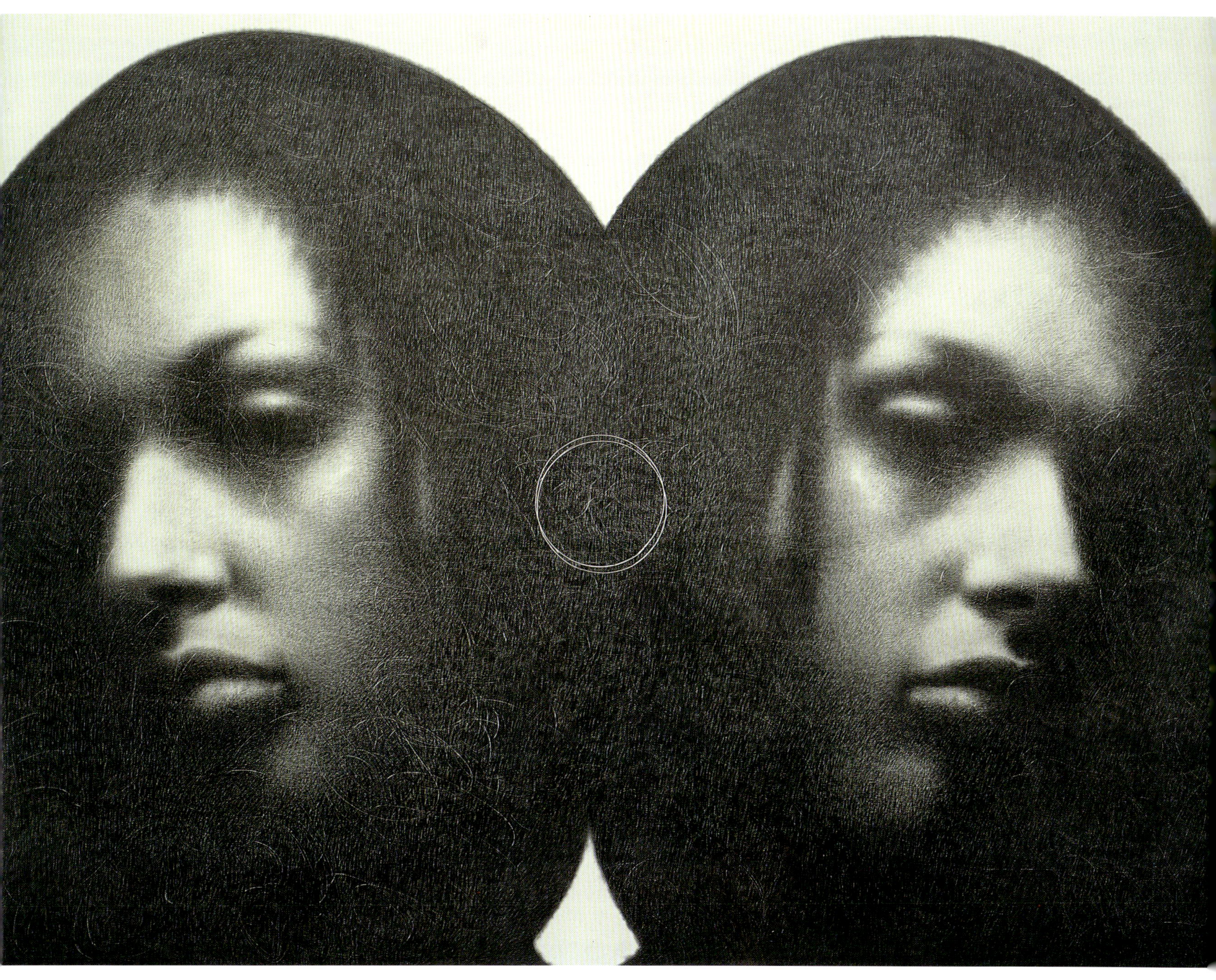

grande disegno siamese | 2003

matita su tavola cm 185x251
pencil on board cm 185x251

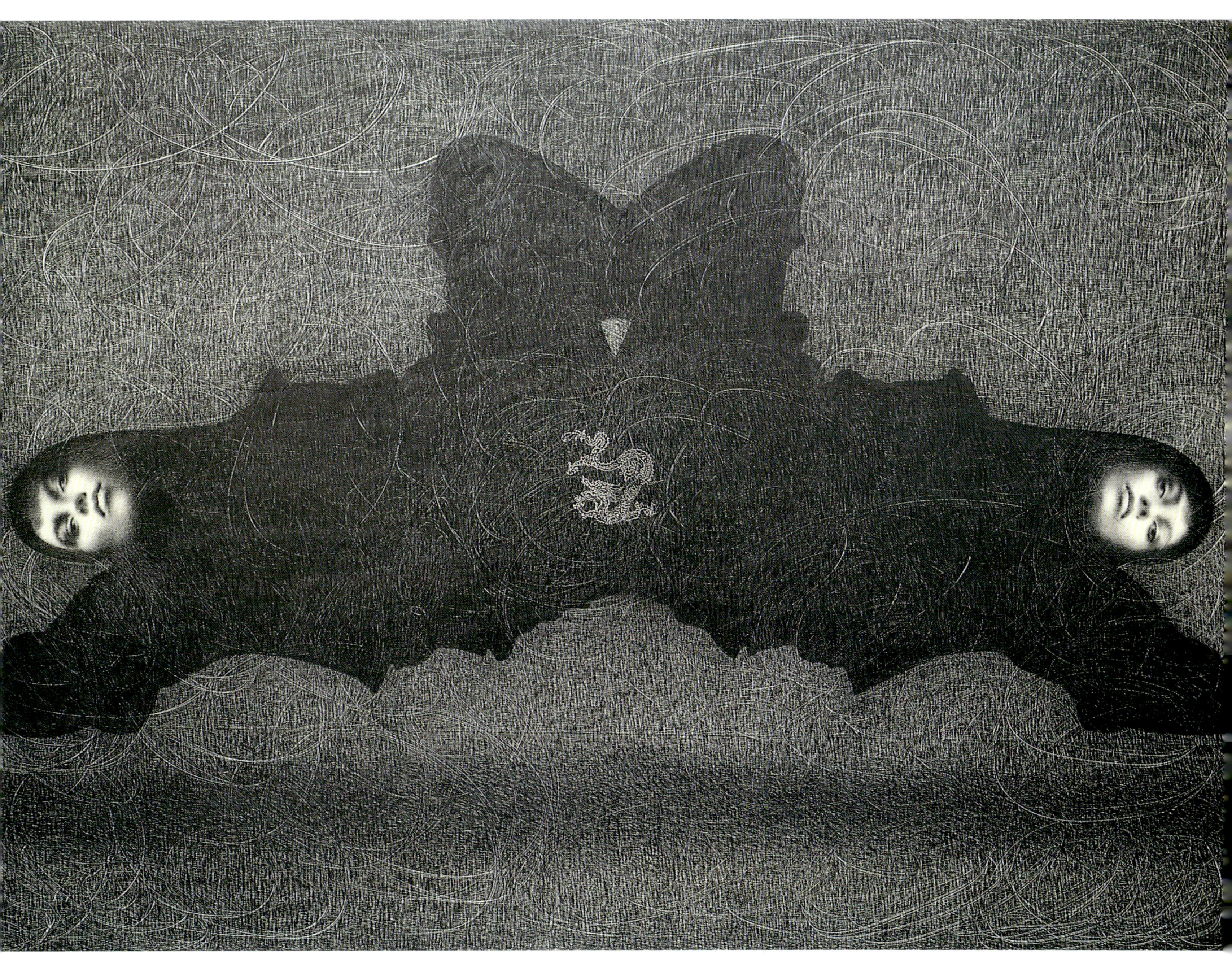

grande disegno siamese | 2005

matita su tavola cm 185x100
pencil on board cm 185x100

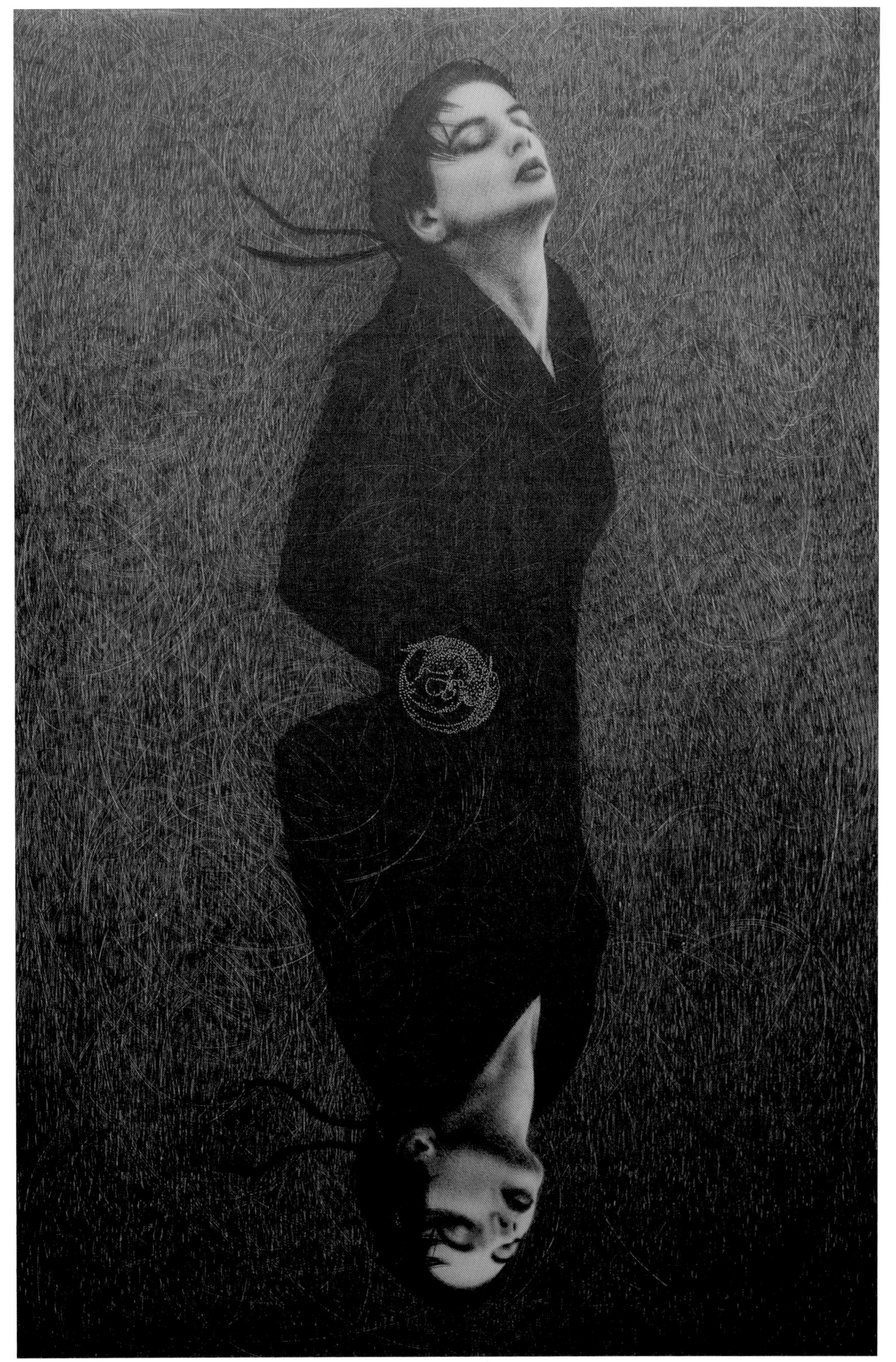

nuovi santi | 2006

matita su tavola cm 202x122,5

pencil on board cm 202x122,5

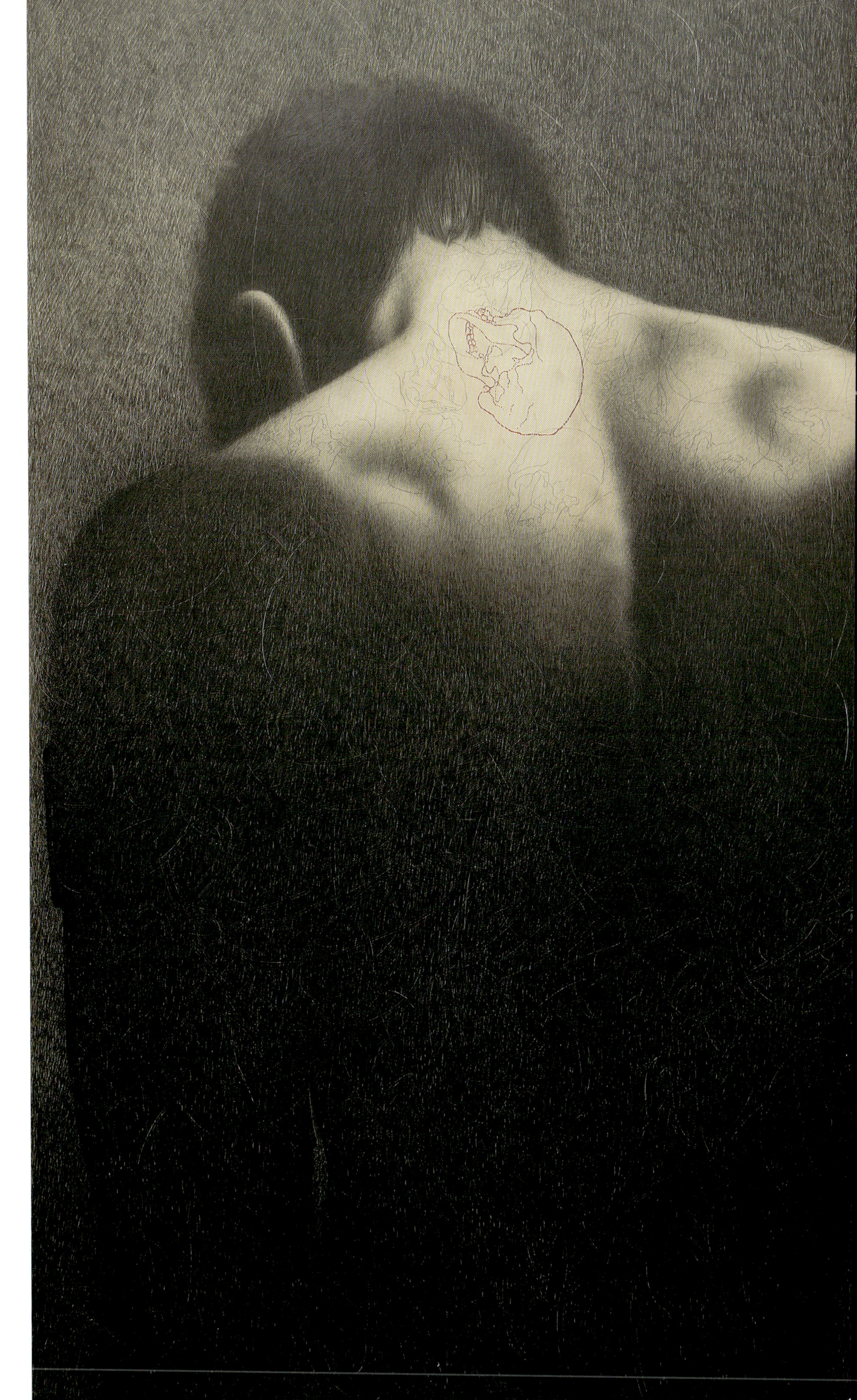

mantra | 1998

matita su tavola + oro
cm 306x370
pencil on board + gold
cm 306x370

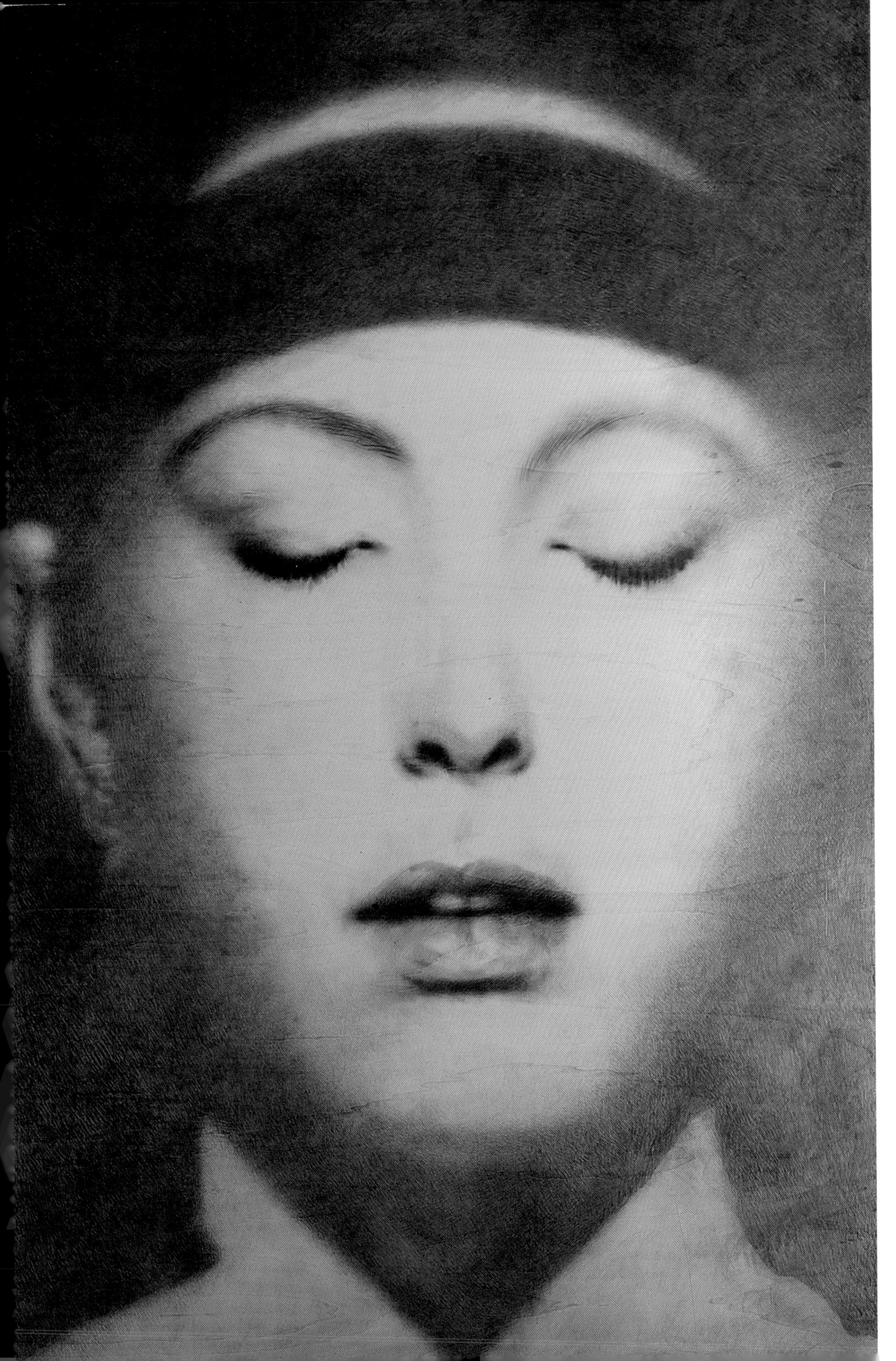

iokanaan | 2003

matita su tavola cm 301x185
pencil on board cm 301x185

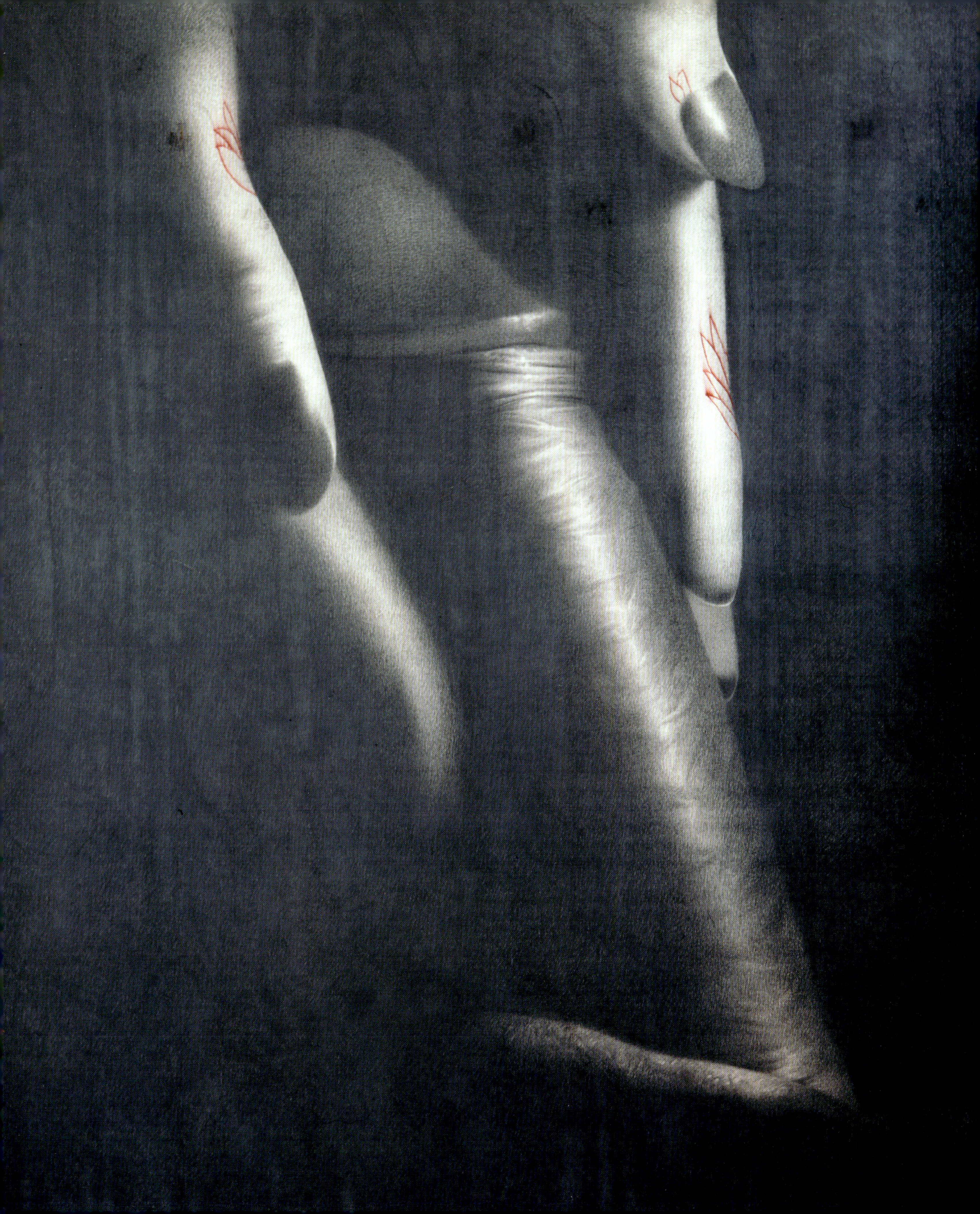

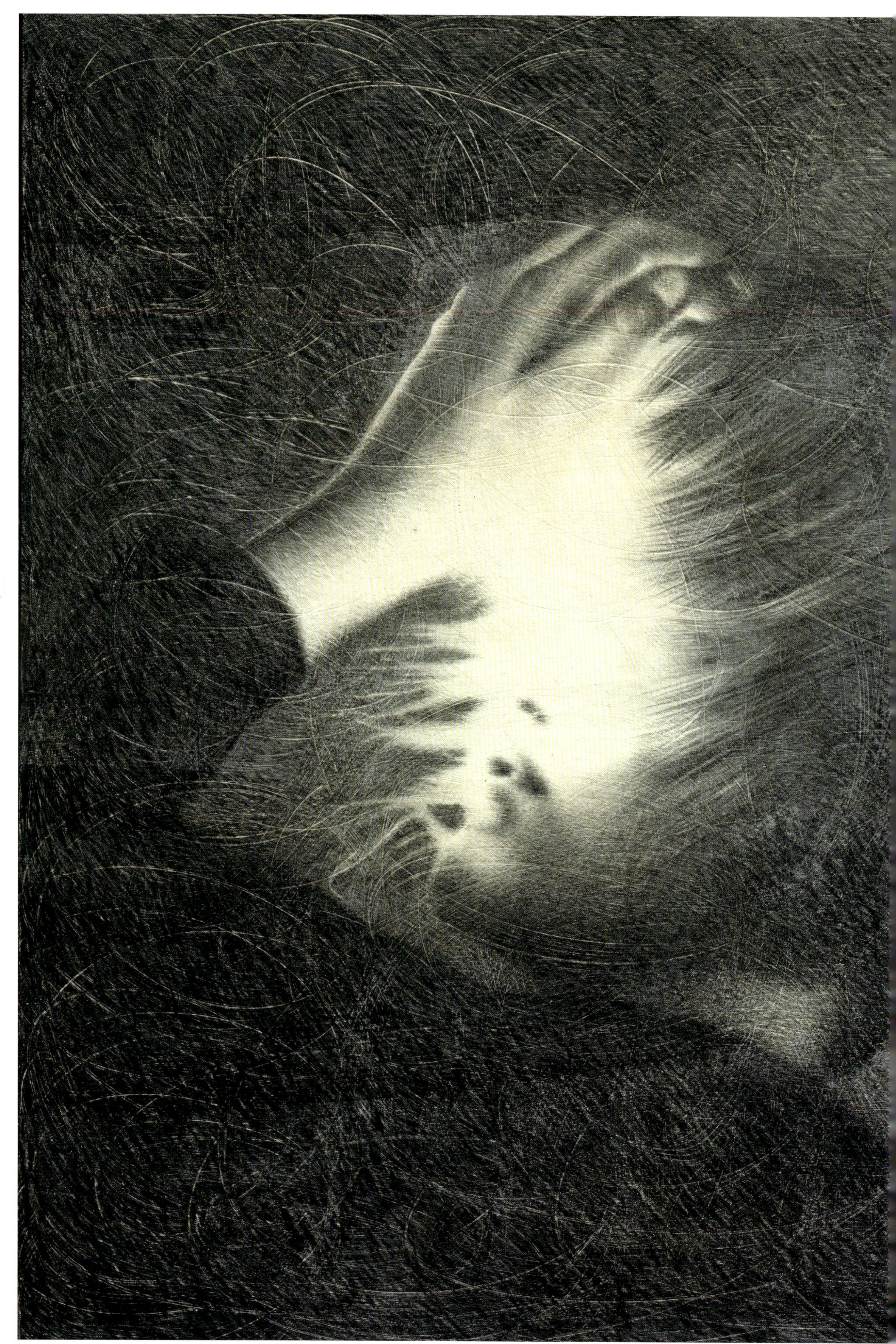

disegno siamese | 2001

matita su tavola cm 60x80

pencil on board cm 60x80

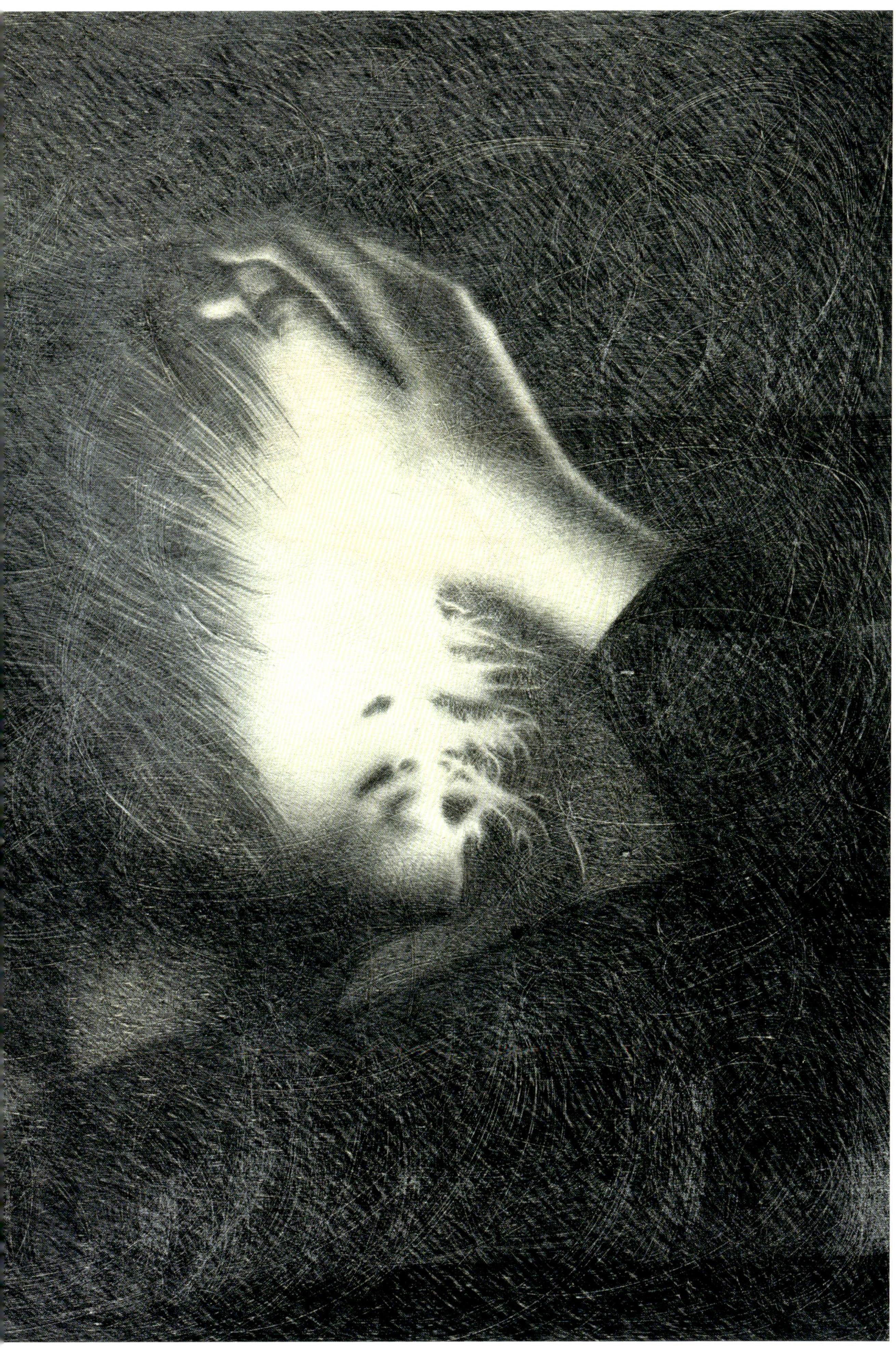

grande disegno siamese | 2001

matita su tavola cm 200x200
pencil on board cm 200x200

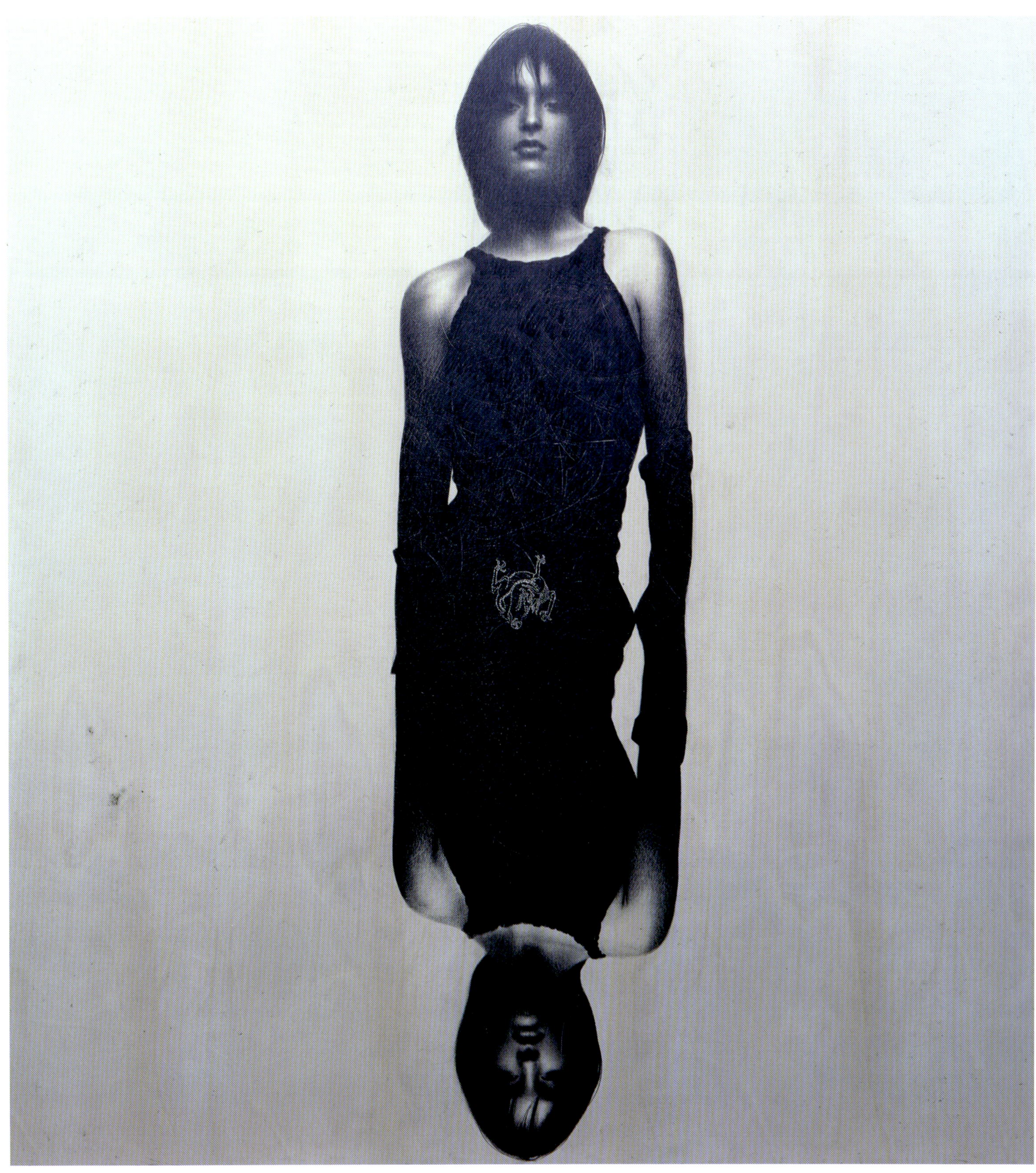

disegno | 1995

matita su tavola cm 249x251
pencil on board cm 249x251

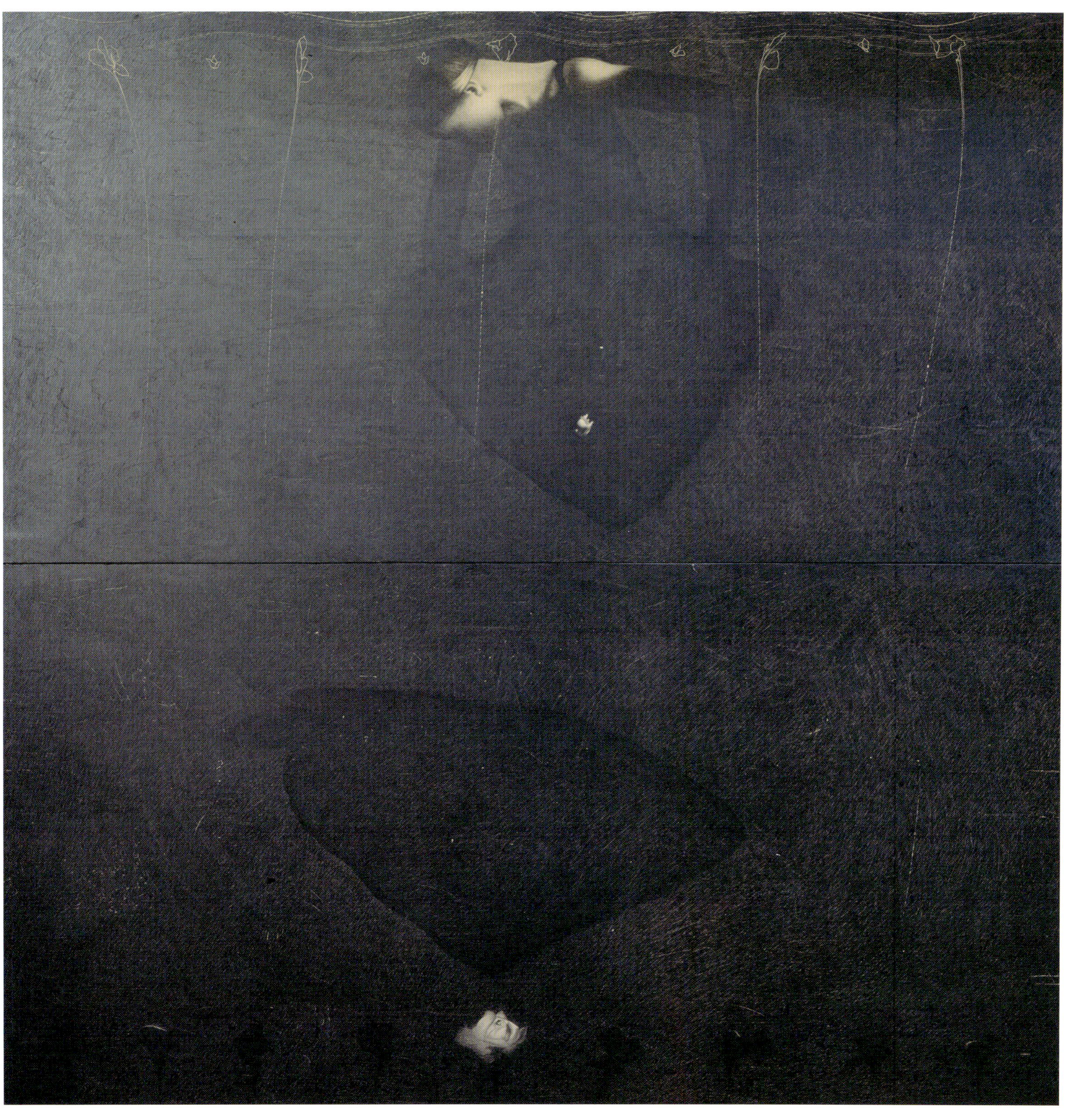

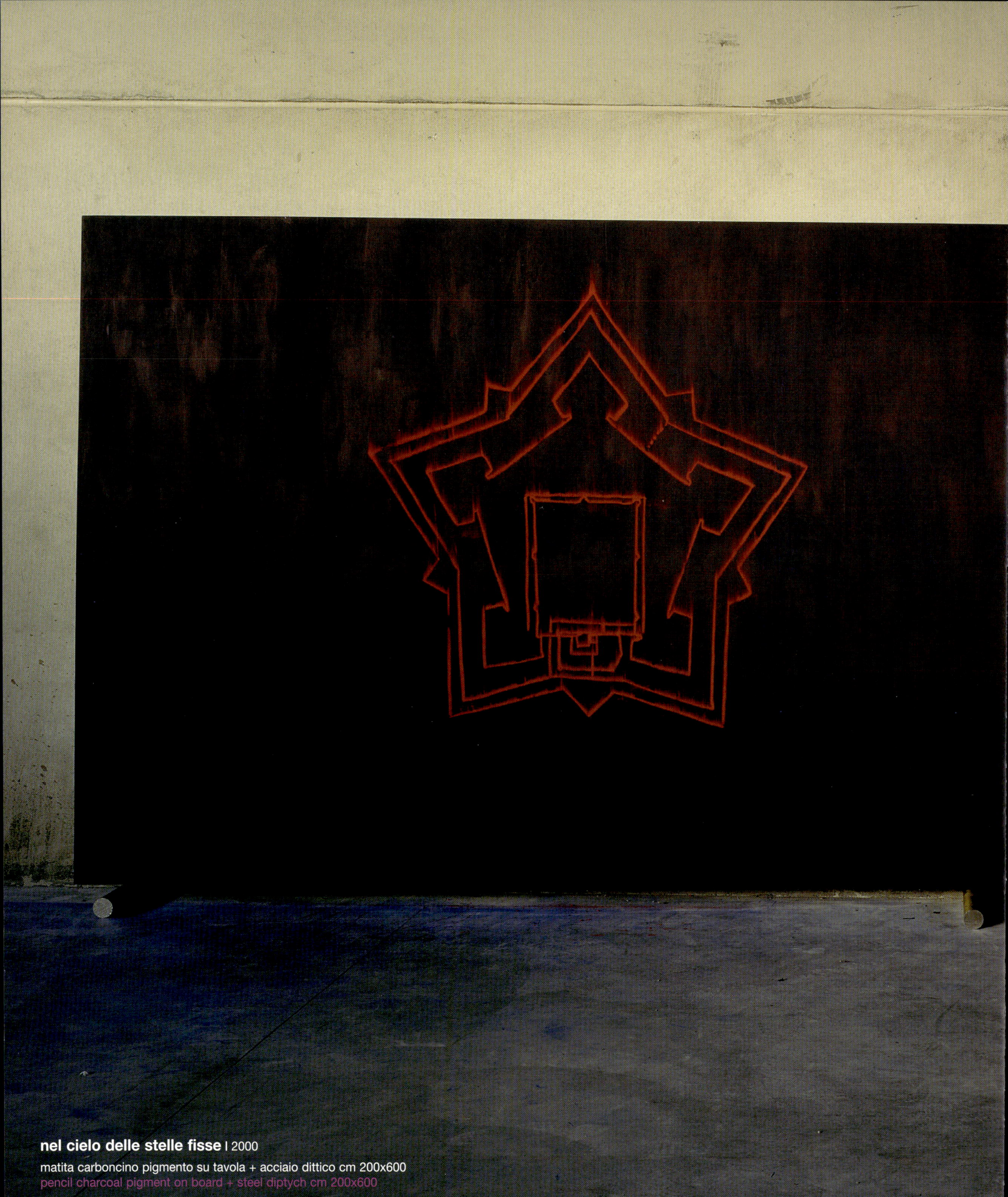

nel cielo delle stelle fisse | 2000

matita carboncino pigmento su tavola + acciaio dittico cm 200x600

pencil charcoal pigment on board + steel diptych cm 200x600

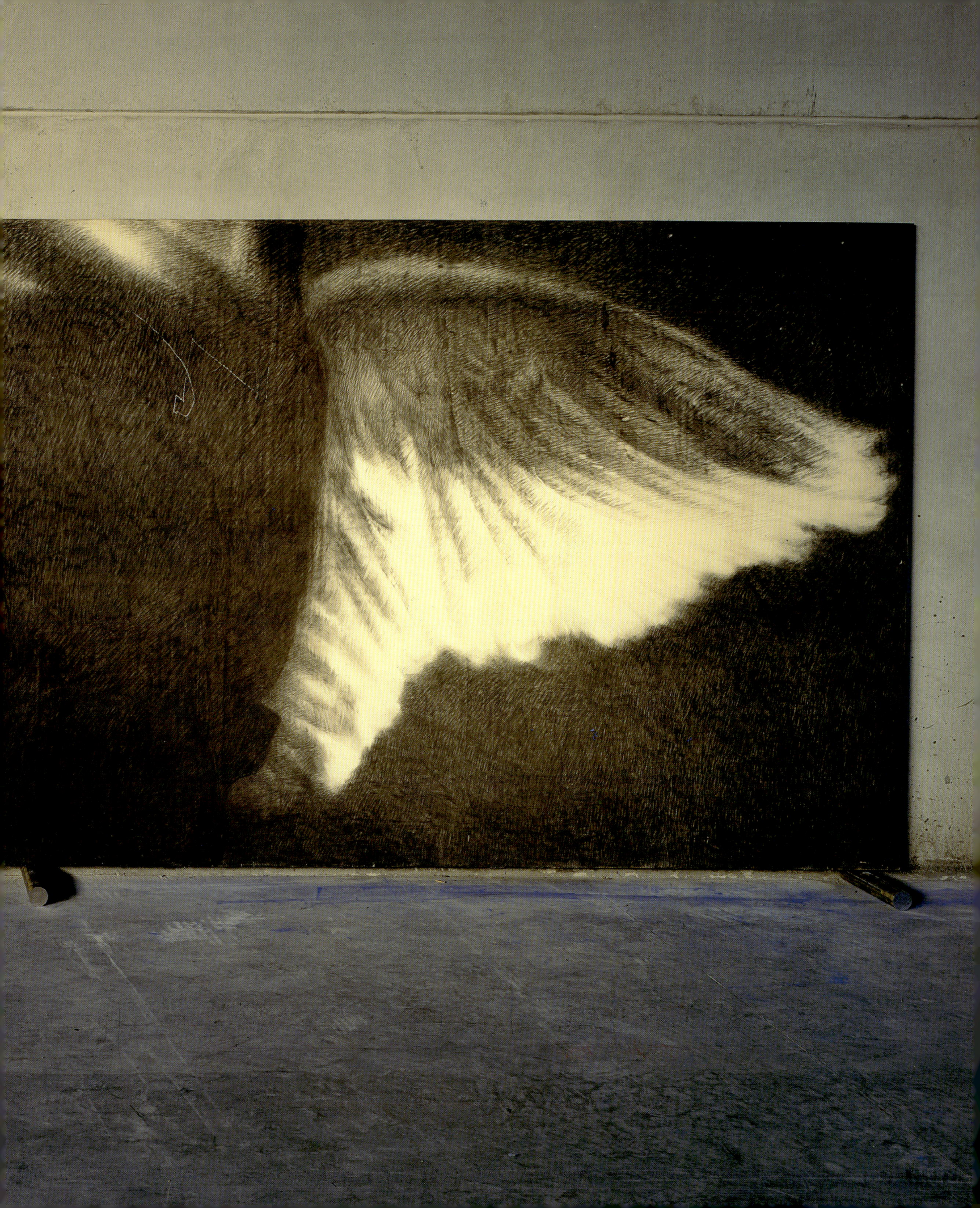

mantra | 2001

matita su tavola + oro cm 200x200
pencil on board + gold cm 200x200

mantra per laura 1997-1998

carboncino + matita + oro su tavola cm 220x640
charcoal + pencil + gold on board cm 220x640

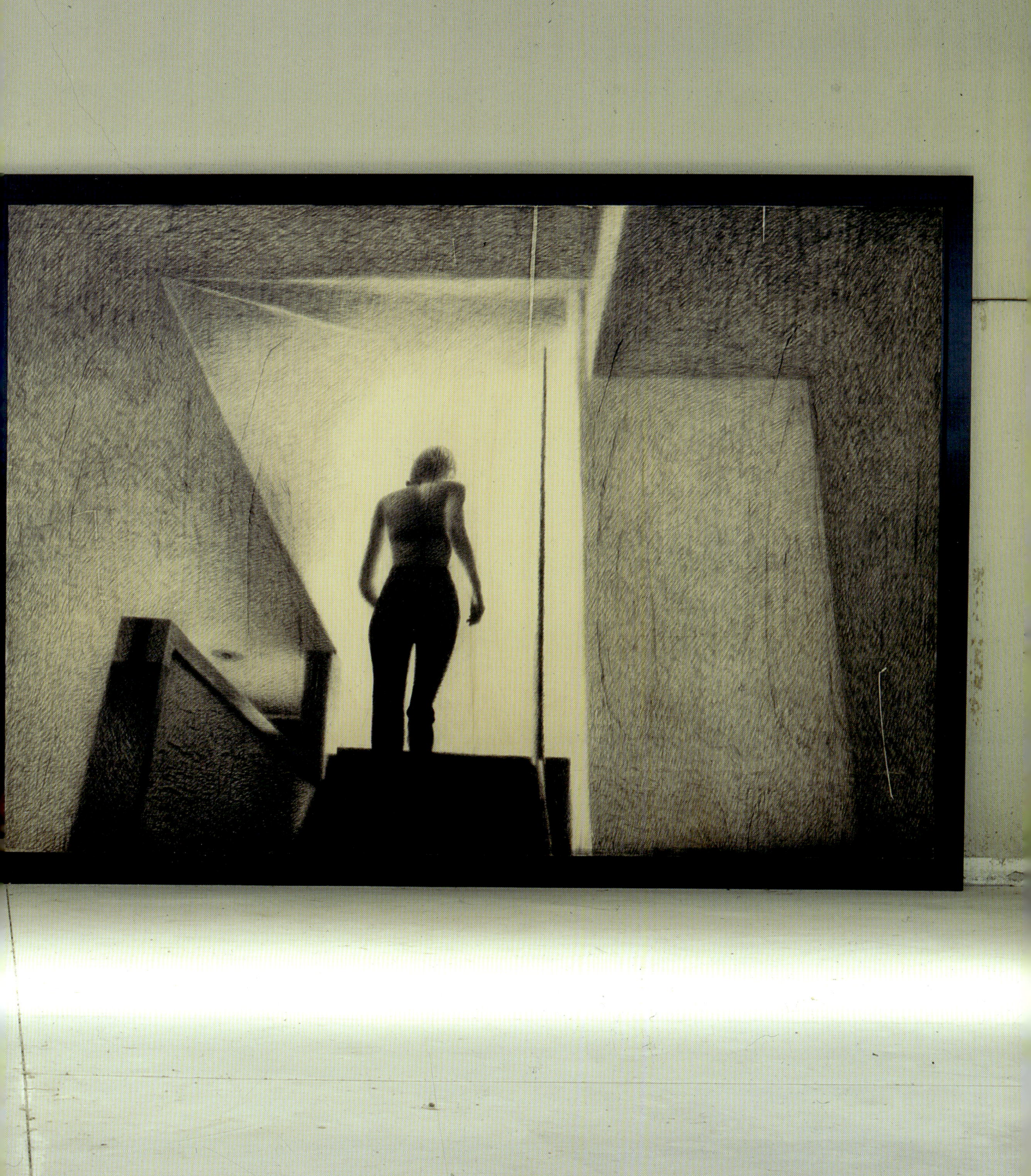

mantra per laura | 1997-1998

carboncino + matita + oro su tavola cm 220x640
charcoal + pencil + gold on board cm 220x640

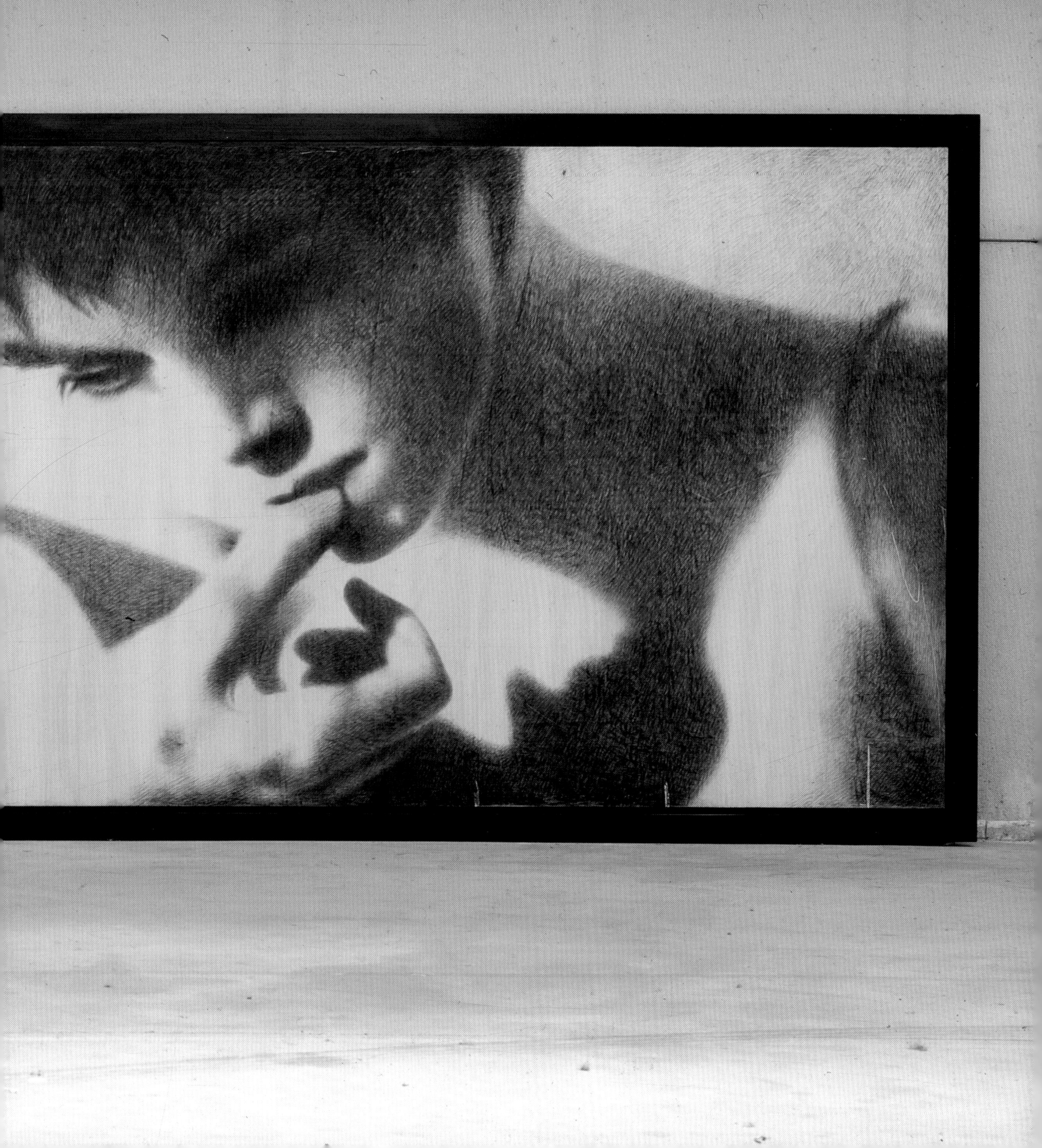

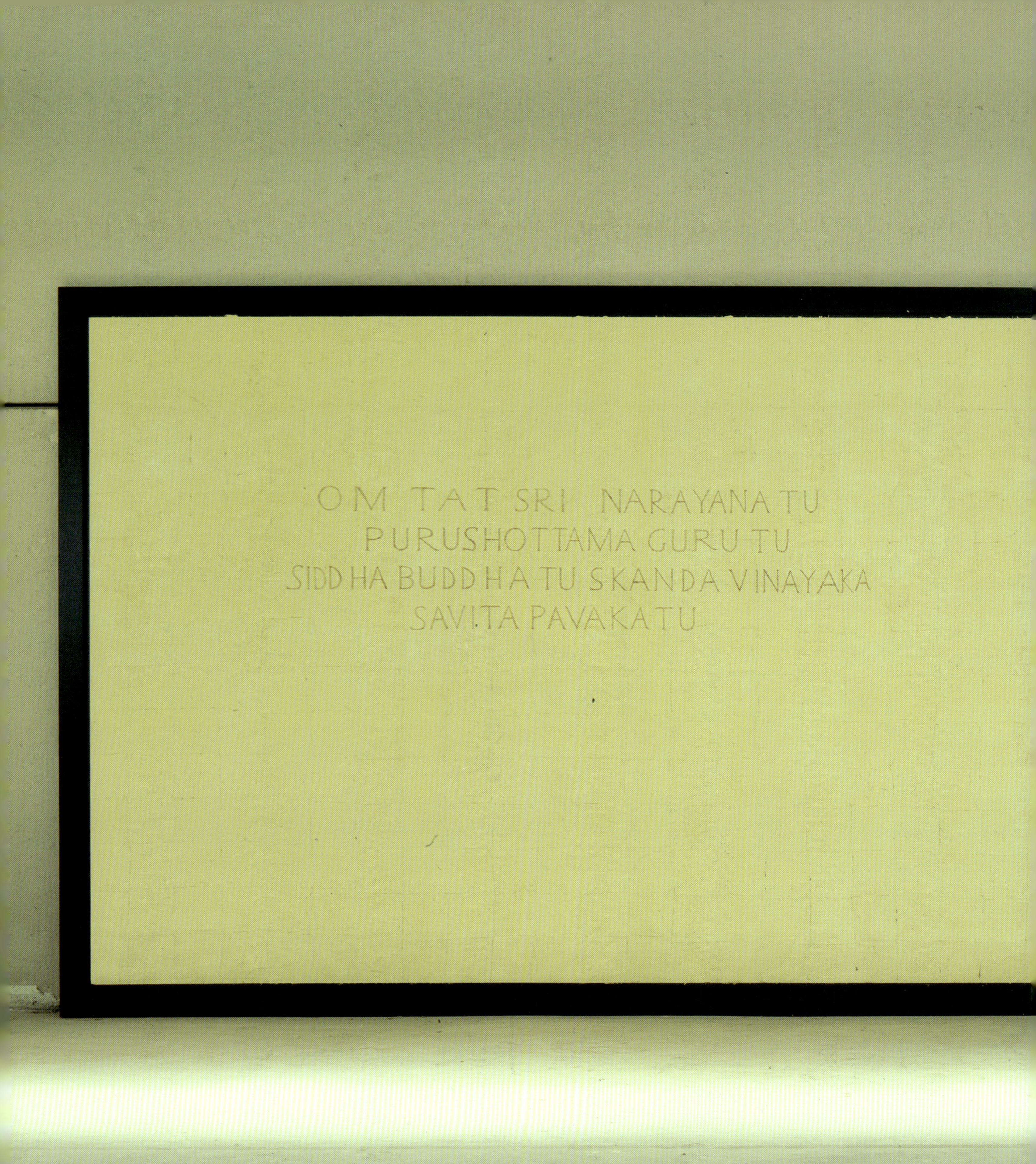

OM TAT SRI NARAYANA TU
PURUSHOTTAMA GURU TU
SIDDHA BUDDHA TU SKANDA VINAYAKA
SAVITA PAVAKA TU

mantra per laura | 1997-1998

carboncino + matita + oro su tavola cm 220x640
charcoal + pencil + gold on board cm 220x640

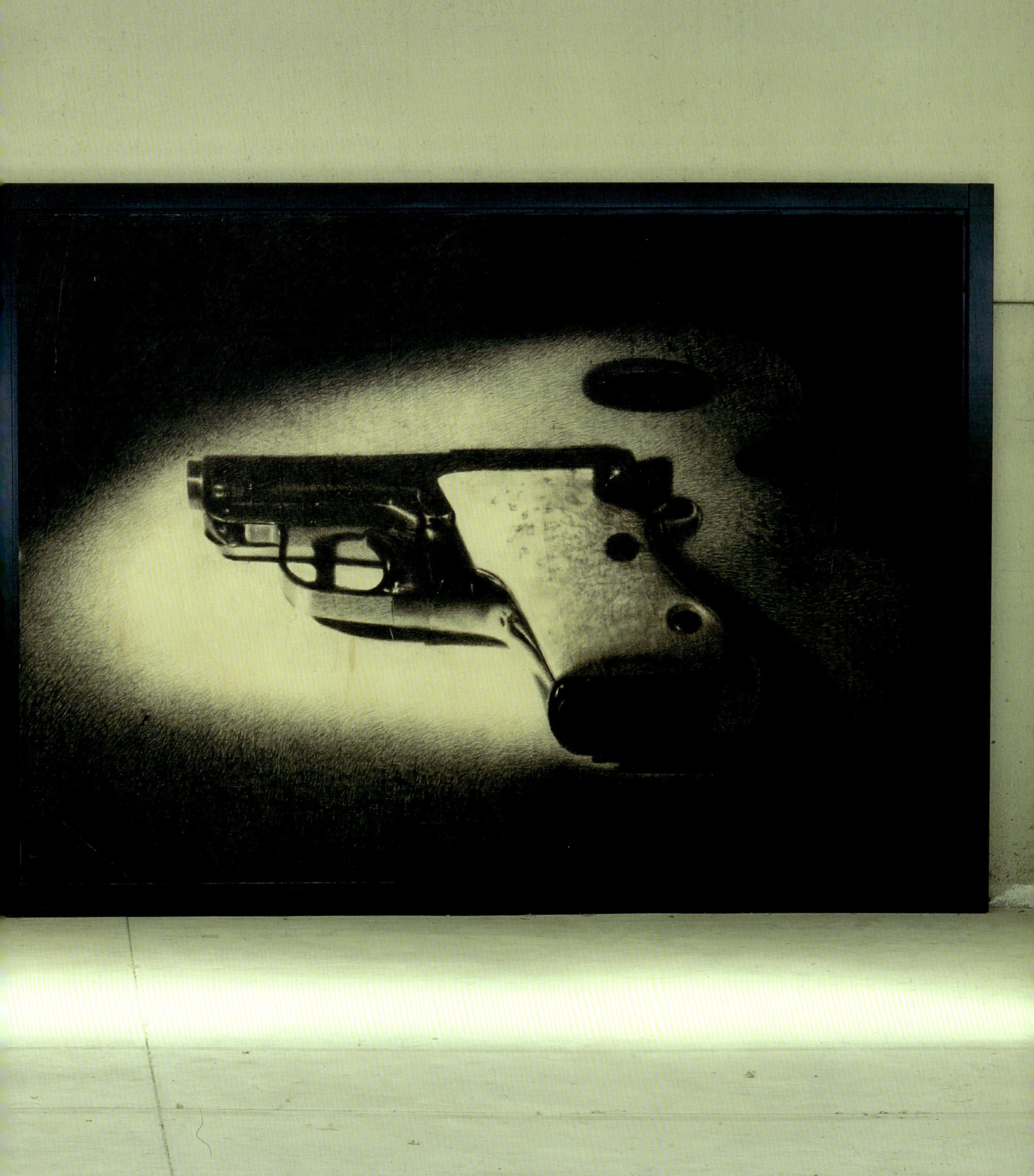

Think of a drawing that could be my only possible drawing, a teacher of the night and day, a to-ing and fro-ing of the hand on the bare naked wood, son of trees felled on the lands of blind orphans. The sheet of the earth spreads over the walls of my studio and records the infinite summons of the senses, a recorder and sonar of the images forgotten by day and re-lived at night twixt sleep and waking. What amazes in the doubling of everything is the lack or loss of ones Self, the absolutely lack of grounding and basis, the lack of bearings, the migration of the other Us that slowly and relentlessly drags itself in its state of apparent beauty. The totality and nothingness of the drawing replace the name that I will never be able to pronounce out loud. I have searched for your name in all the drawers of my study, in the pages of magazines forgotten on buses or in the waiting rooms of impossible airports.
I have forgotten the features of your face, obsessed by the blacks buried in the whiteness of a knotless poplar.
That's it, I would love my drawing to end up there, amid those knots, that the dawn's eyes may shine on it! a speechless nameless icon.

Mumbai 1994

Penso a un disegno che sia l'unico mio disegno possibile, educatore della notte e del giorno, andata e ritorno della mano sul legno nudo e crudo, figlio degli alberi abbattuti sulle terre degli orfani ciechi. Il foglio della terra si apre sulle pareti del mio studio e registra le infinite chiamate di sensi, registratore ed ecoscandaglio delle immagini dimenticate di giorno e riviste di notte tra il sonno e la veglia. Ciò che meraviglia nel doppio di tutto è la mancanza e lo smarrimento del Sé, l'assoluta mancanza di fondamento e di base, mancanza di orientamento, migrazione dell'altro Noi che si trascina lento e inesorabile nel suo stato di bellezza apparente. Totalità e nulla del disegno si sostituiscono al nome che non potrò mai pronunciare ad alta voce. Il tuo nome l'ho cercato in tutti i cassetti del mio studio, sulle pagine di rotocalchi dimenticati sull'autobus o nelle sale d'attesa di aeroporti impossibili.
Ho dimenticato le fattezze del tuo volto nell'ossessione dei neri che affondano nel bianco di un pioppo senza nodi.
Ecco, vorrei che il disegno finisse lì tra i nodi, l'alba illuminasse i tuoi occhi! muta icona senza nome.

Mumbai 1994

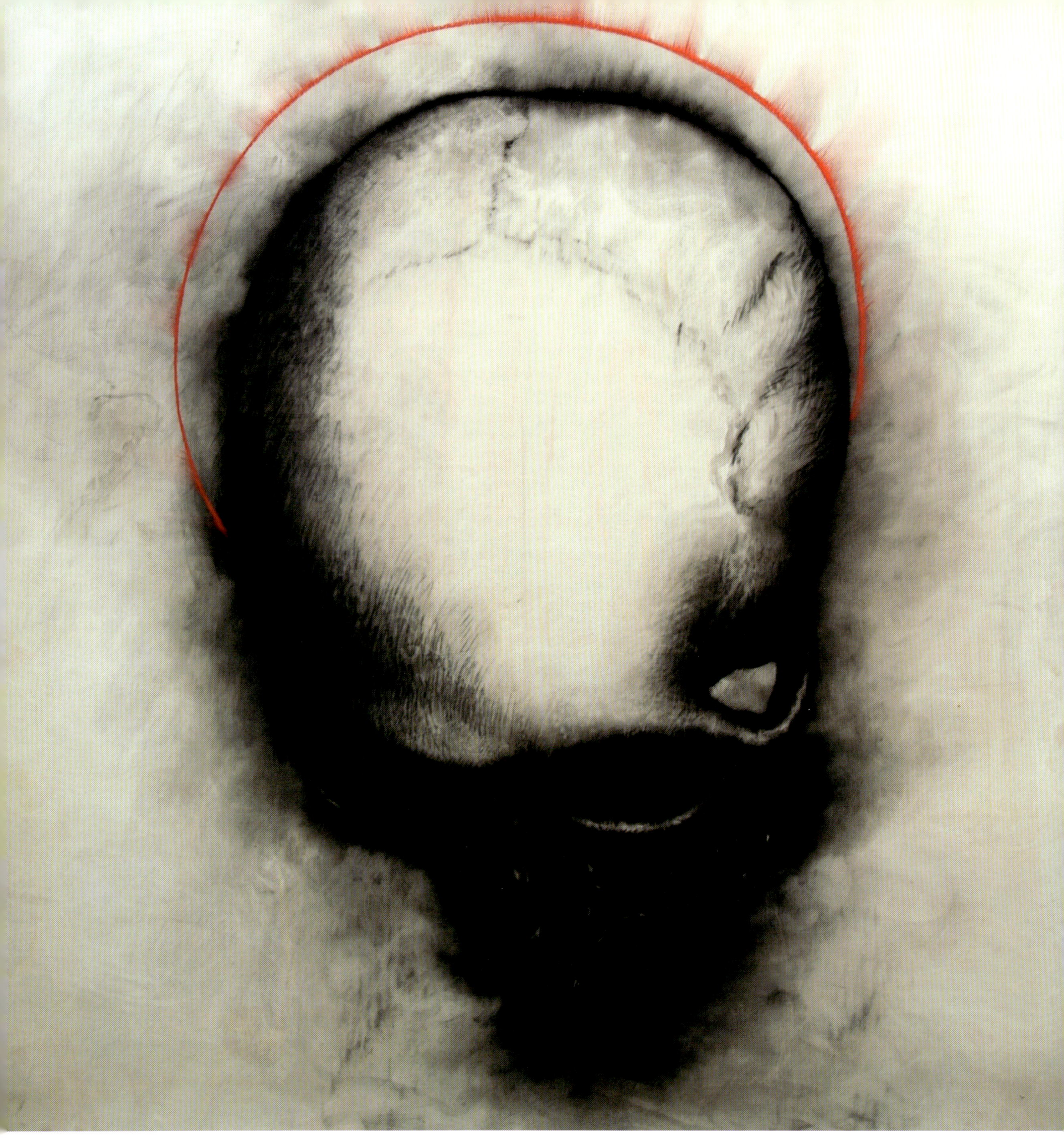

nuovi fiori nuovi santi | 2005

pastelli policromi + matita su tavola dittico cm 150x300
polycromy pastels + pencil on board diptych cm 150x300

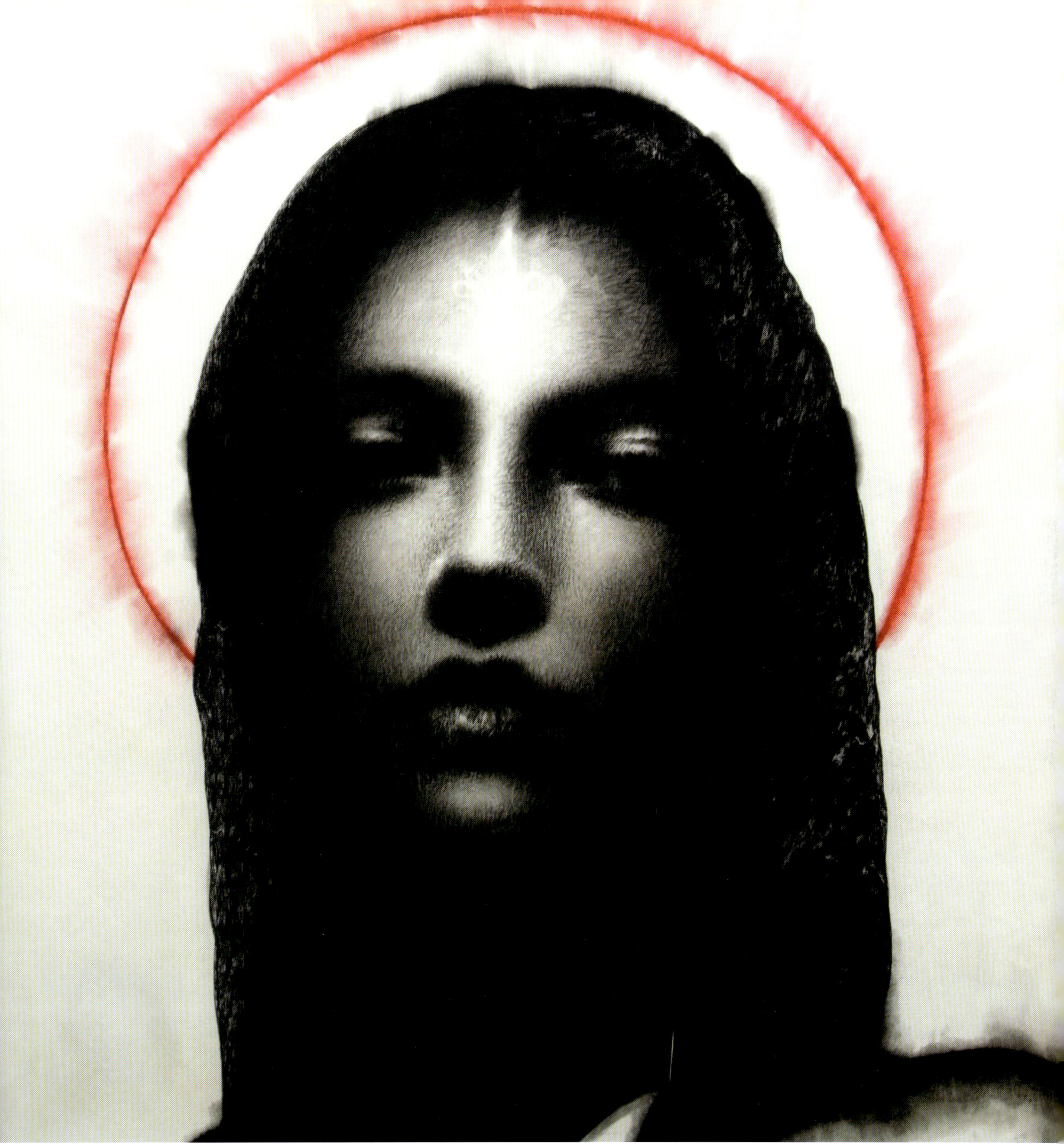

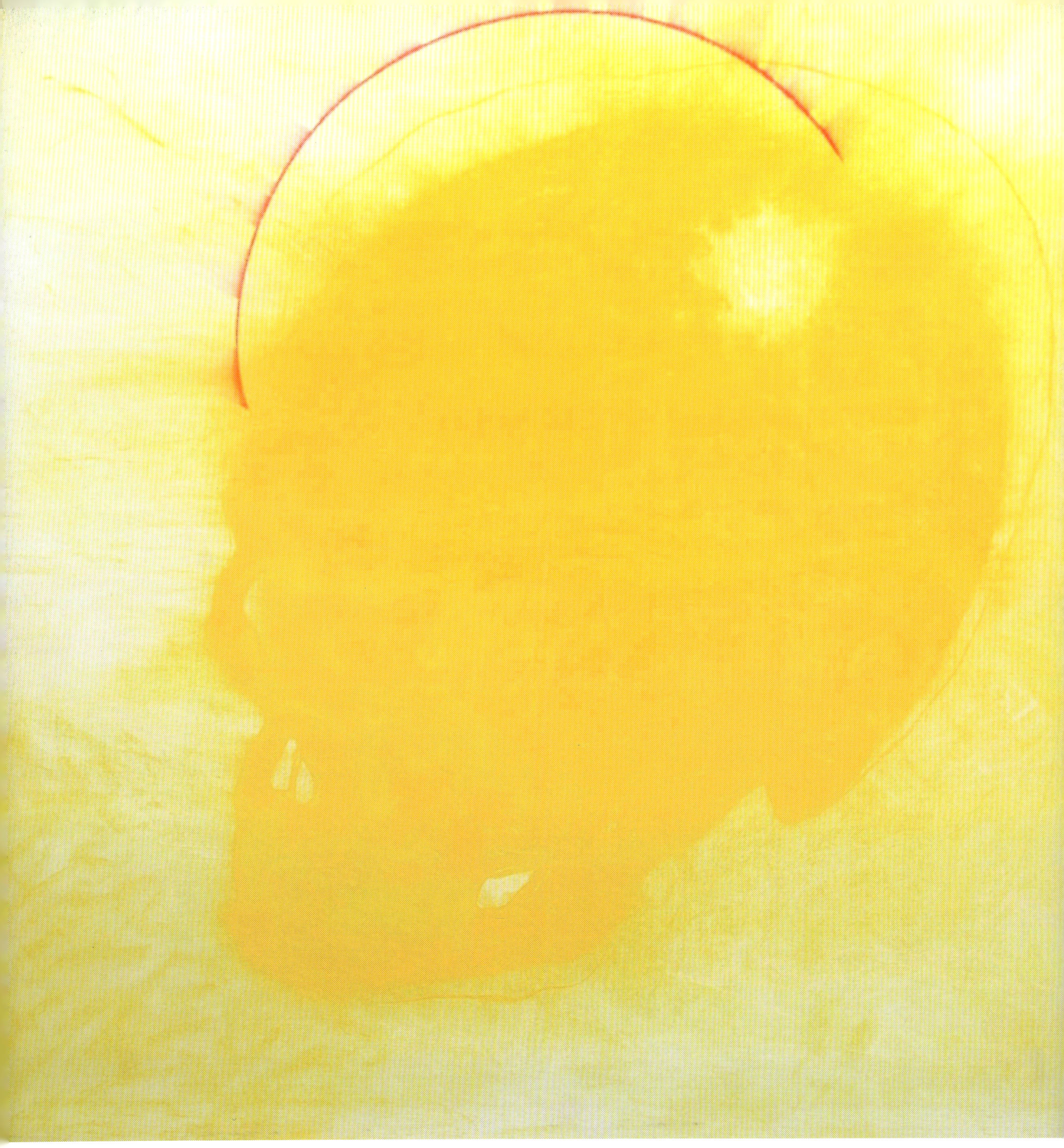

nuovi fiori nuovi santi | 2005

pastelli policromi + matita su tavola dittico cm 150x300
polycromy pastels + pencil on board diptych cm 150x300

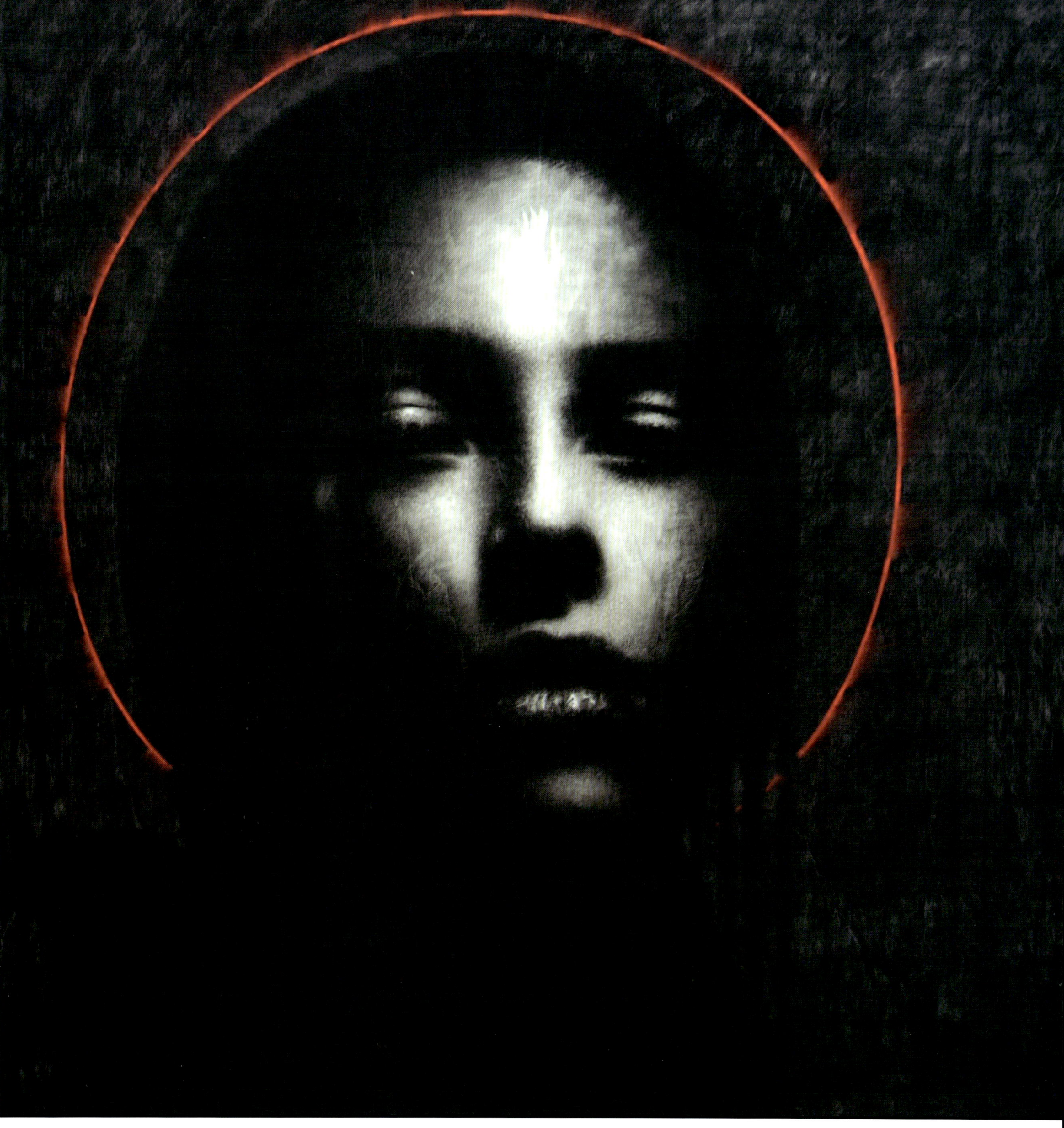

santi | 2006

matita su tavola + inchiostri cm 100x100
pencil on board + ink cm 100x100

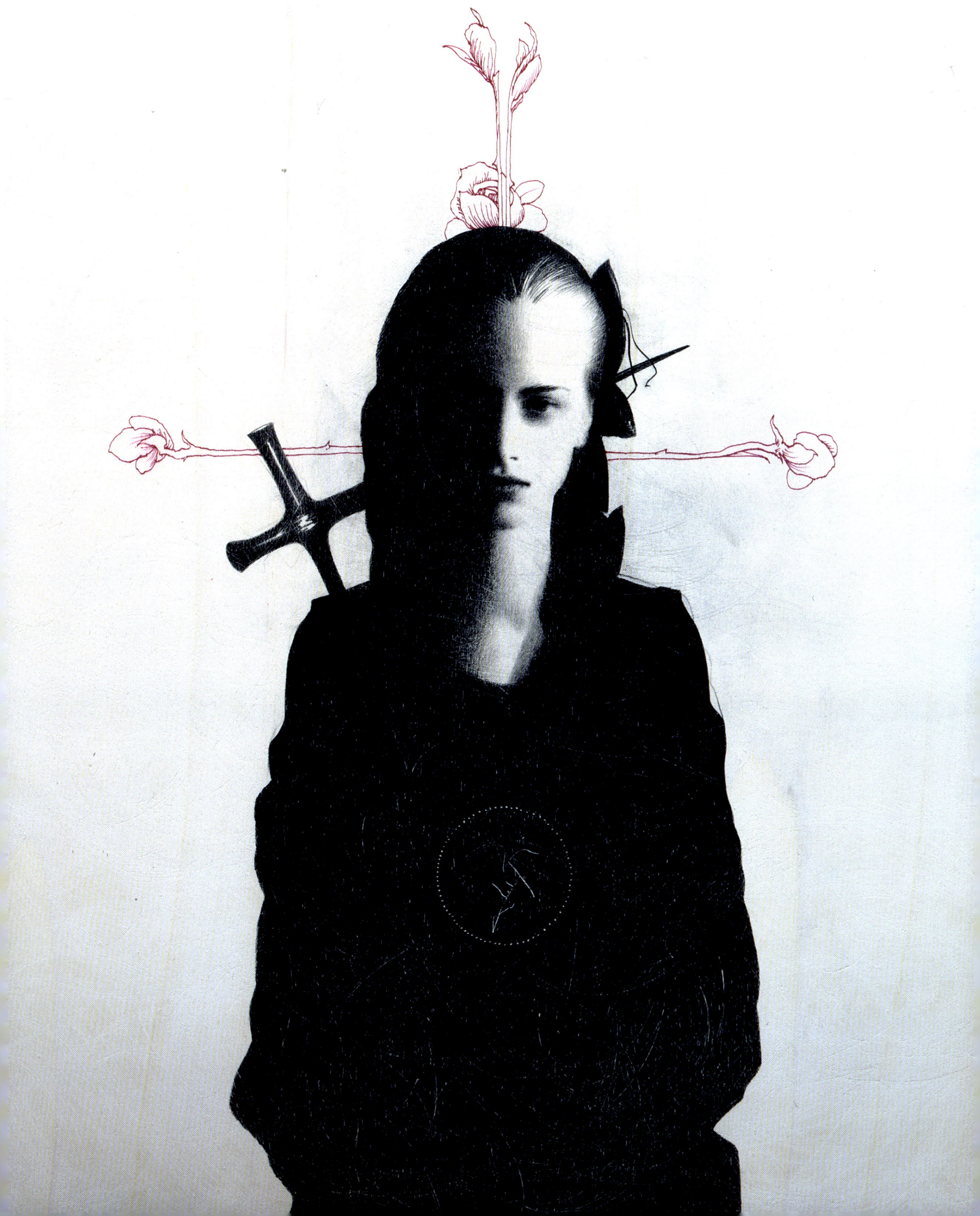

santi | 2006

matita su tavola + inchiostri cm 100x100
pencil on board + ink cm 100x100

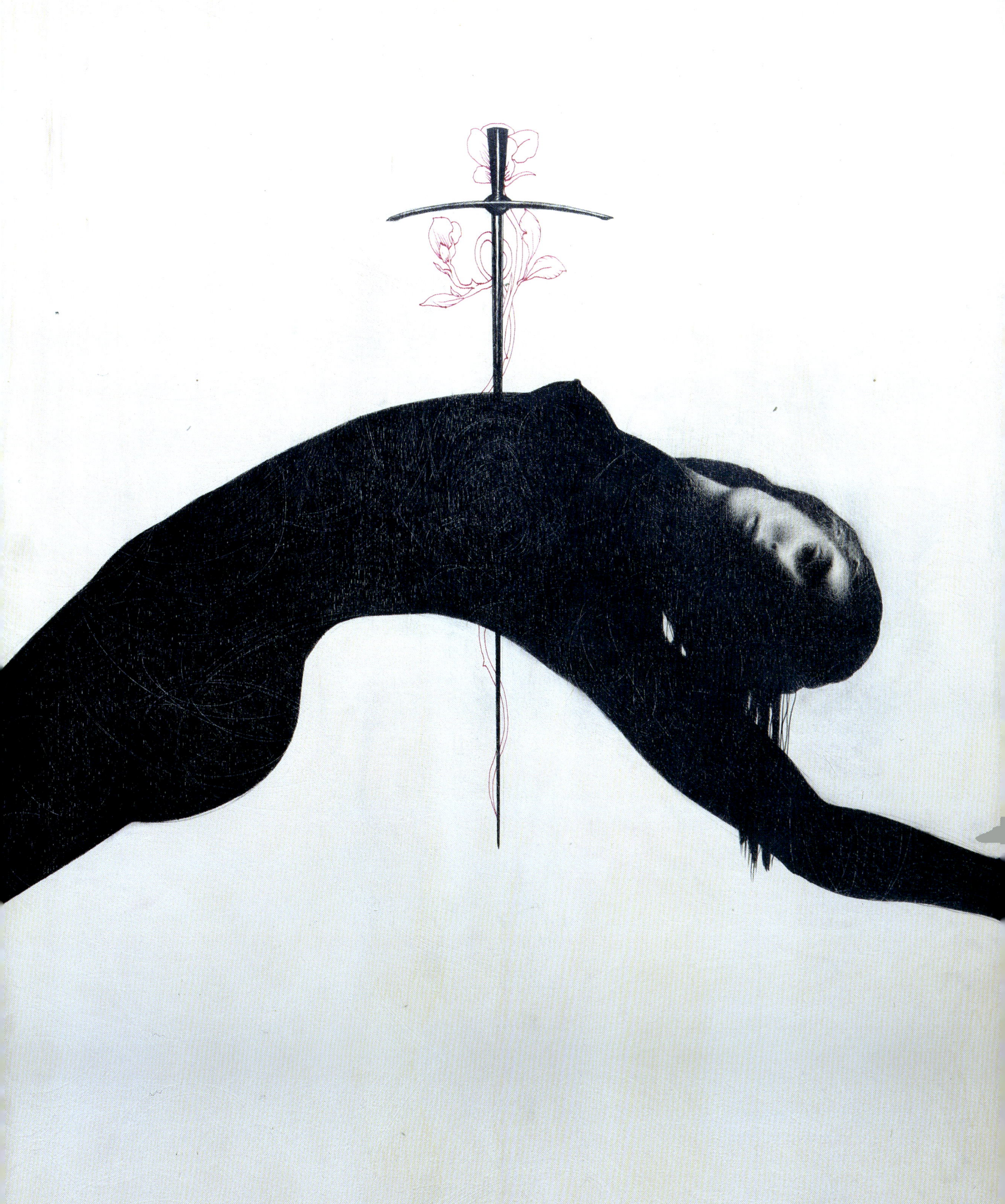

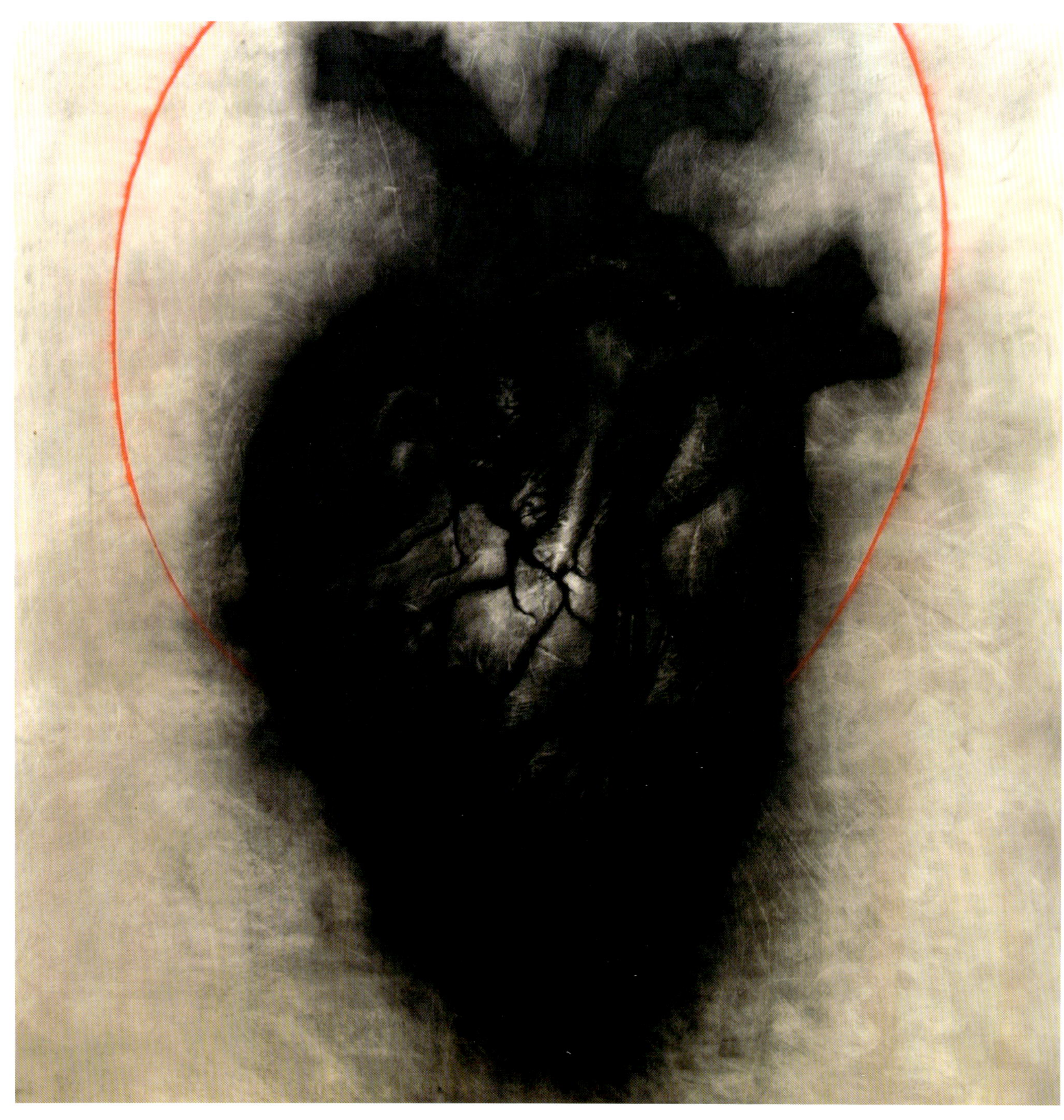

nuovi fiori nuovi santi | 2005

pastelli policromi + matita su tavola dittico cm 150x300
polycromy pastels + pencil on board diptych cm 150x300

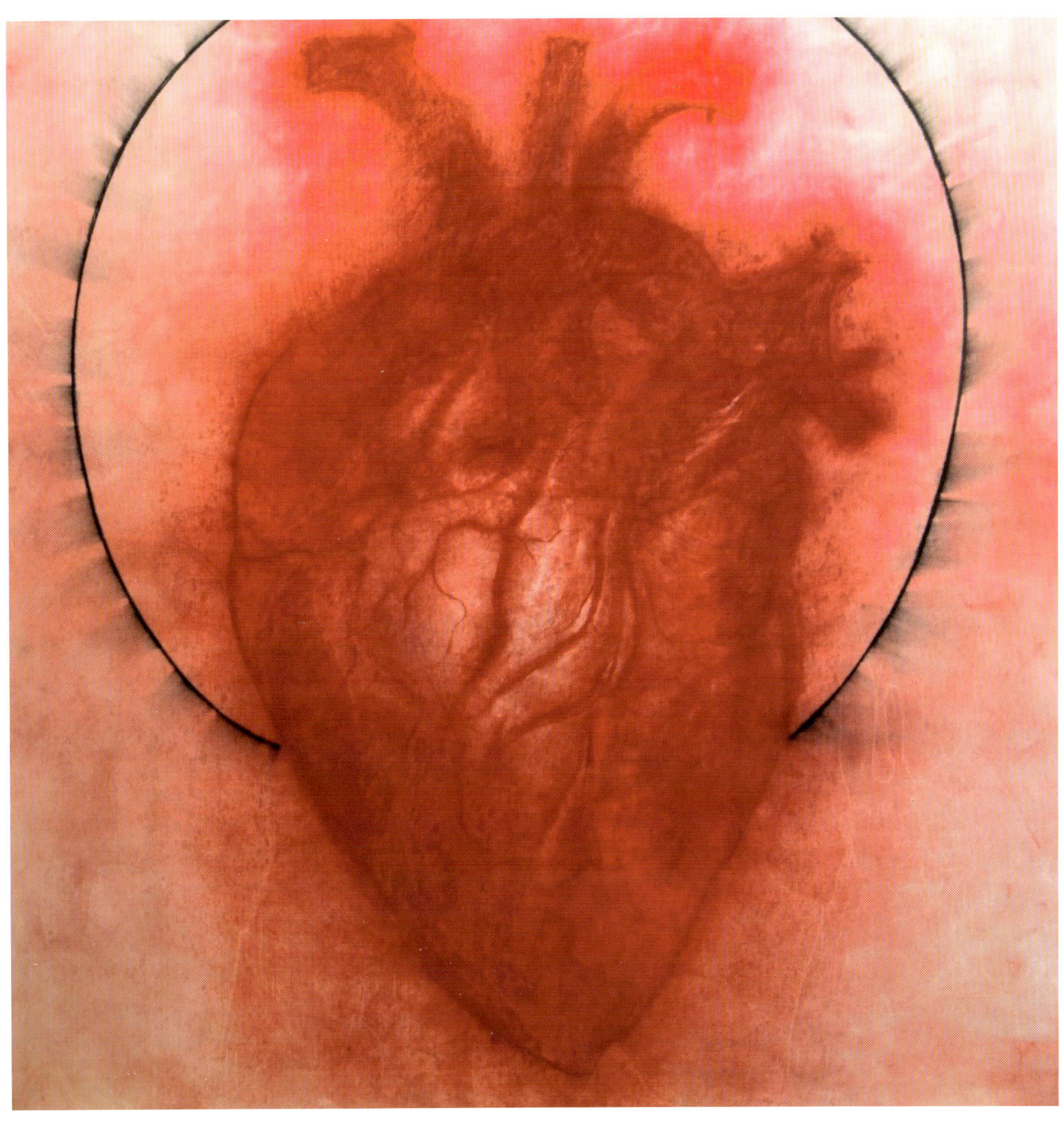

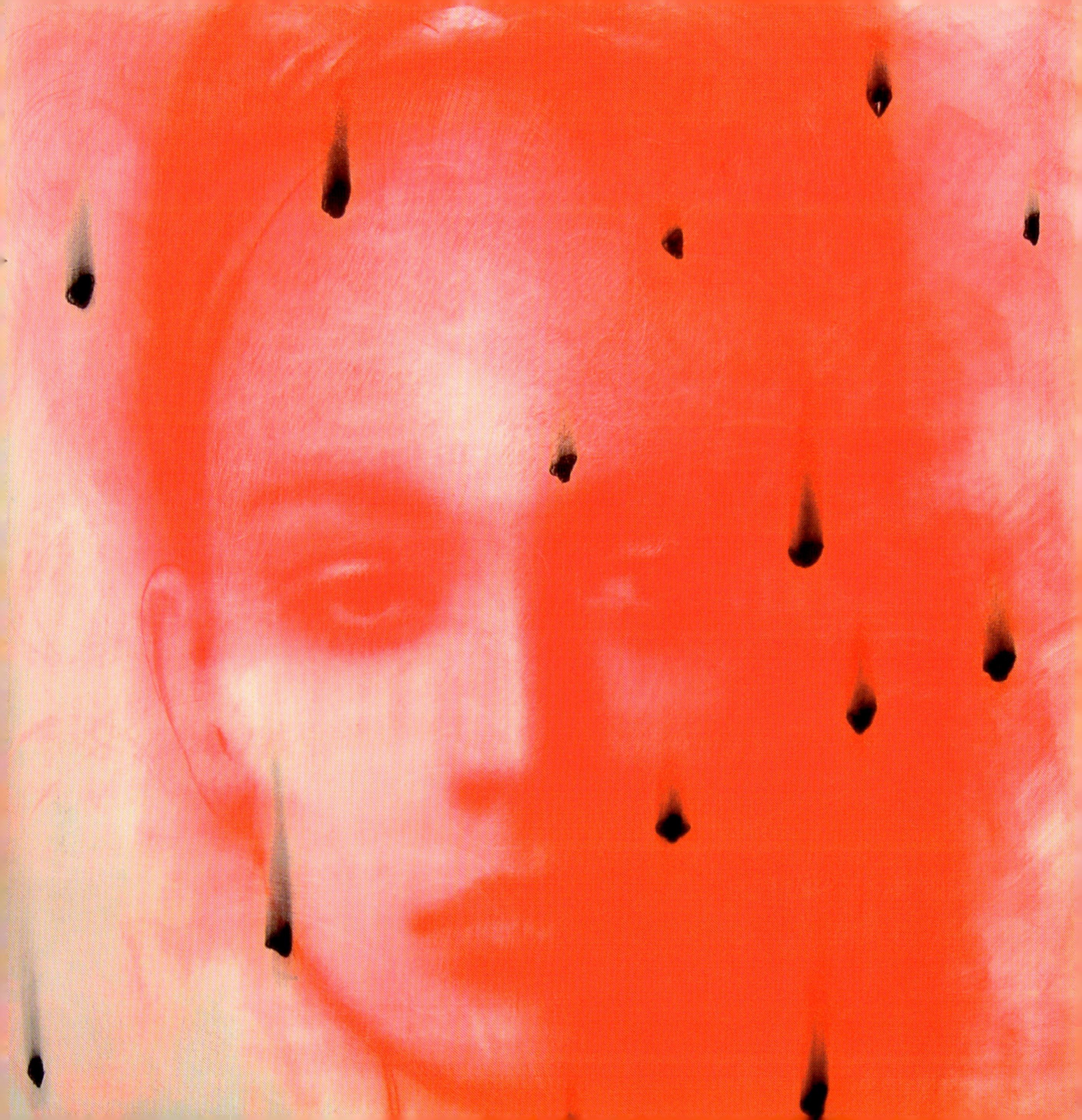

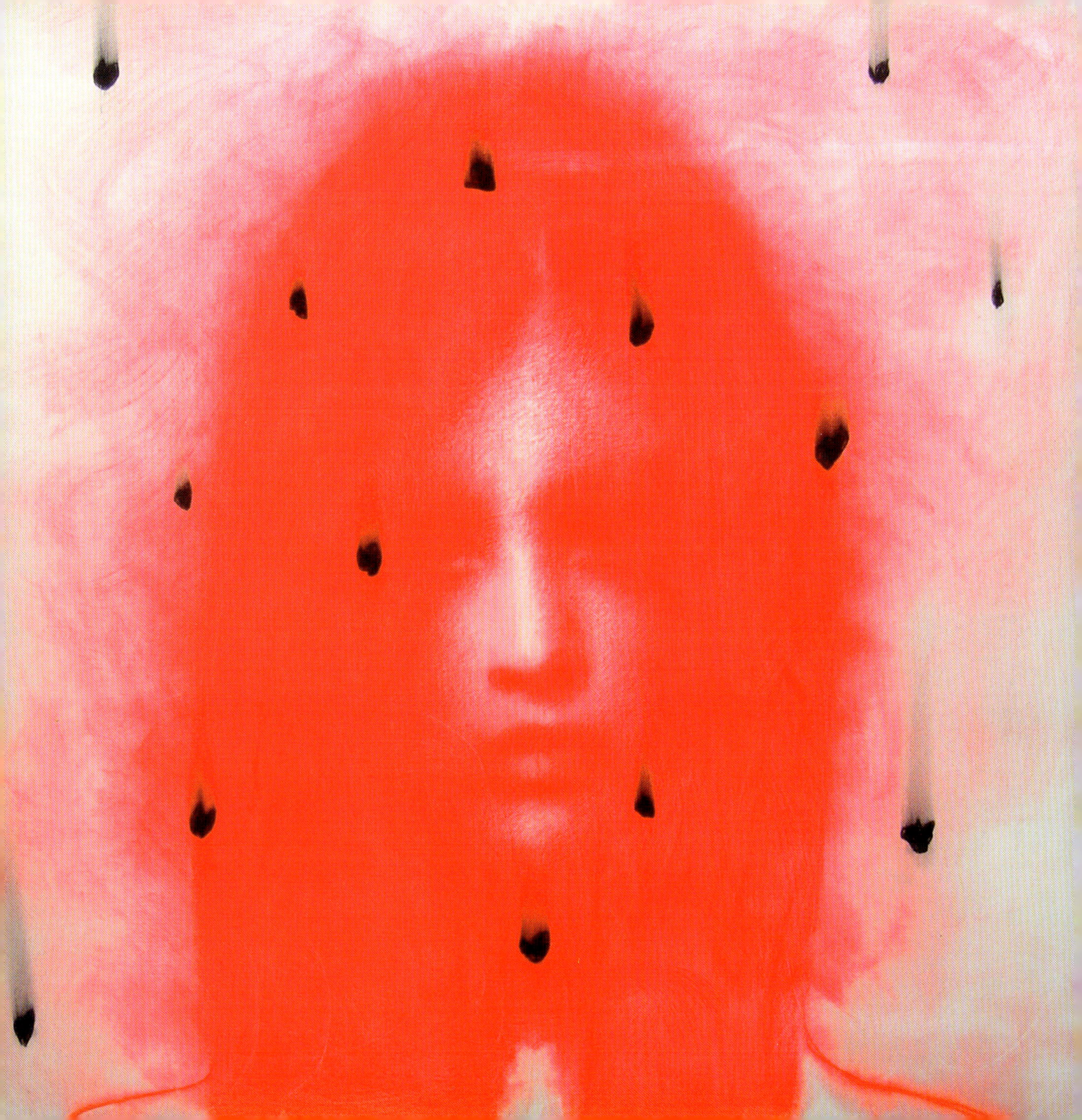

santi | 2006

matita su tavola cad. cm 150x150
pencil on board each cm 150x150

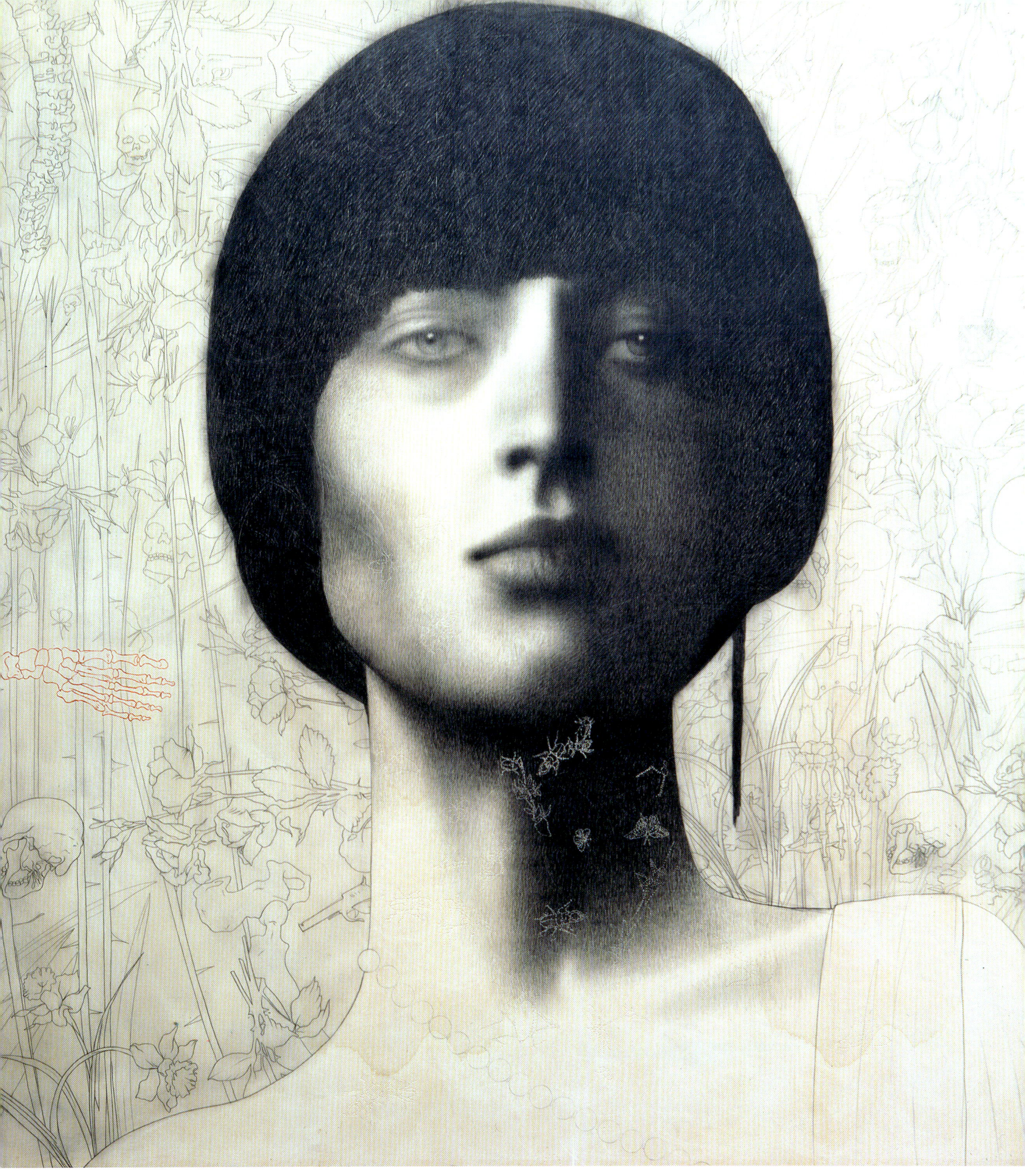

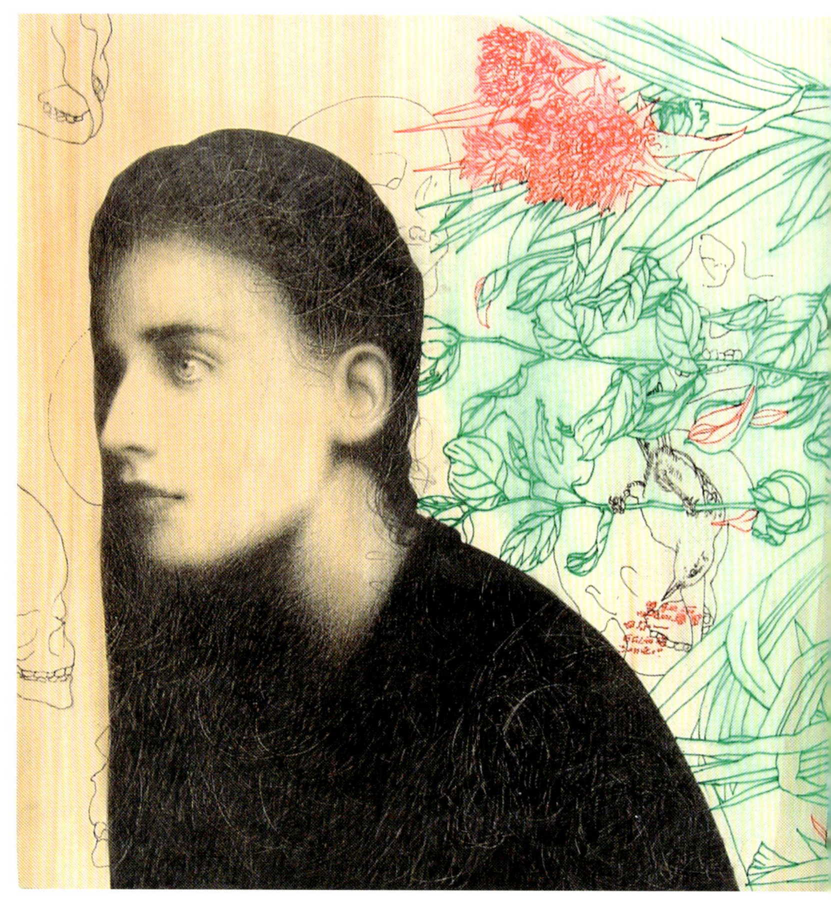

santi | 2006

matita su tavola cad. cm 60x60

pencil on board each cm 60x60

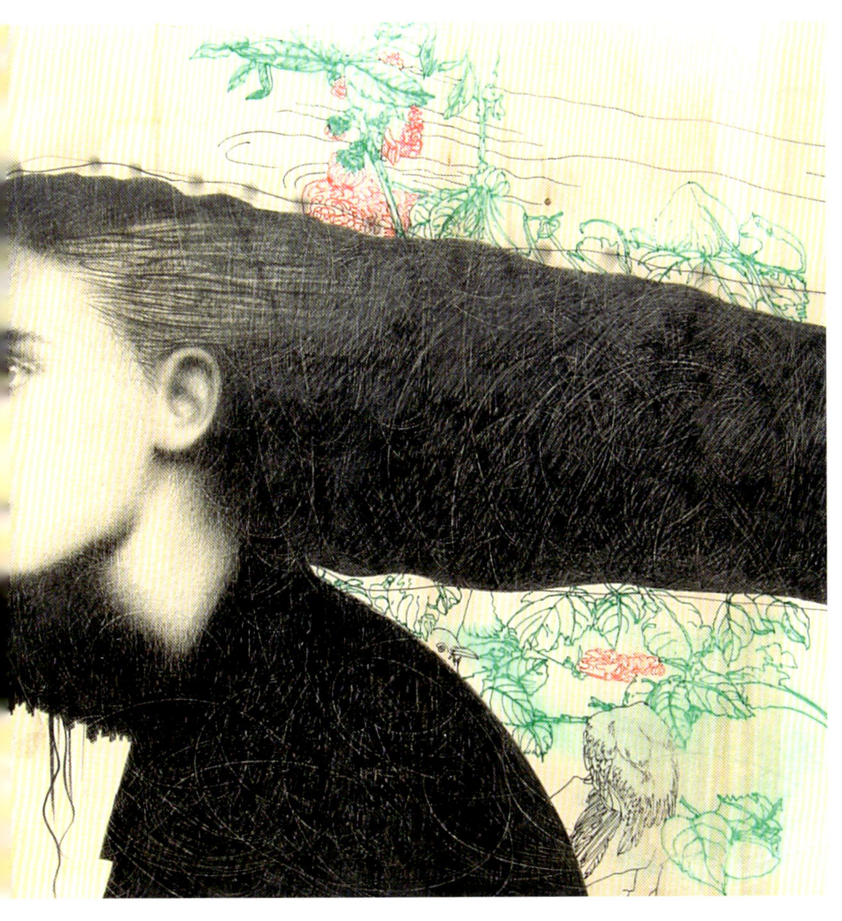

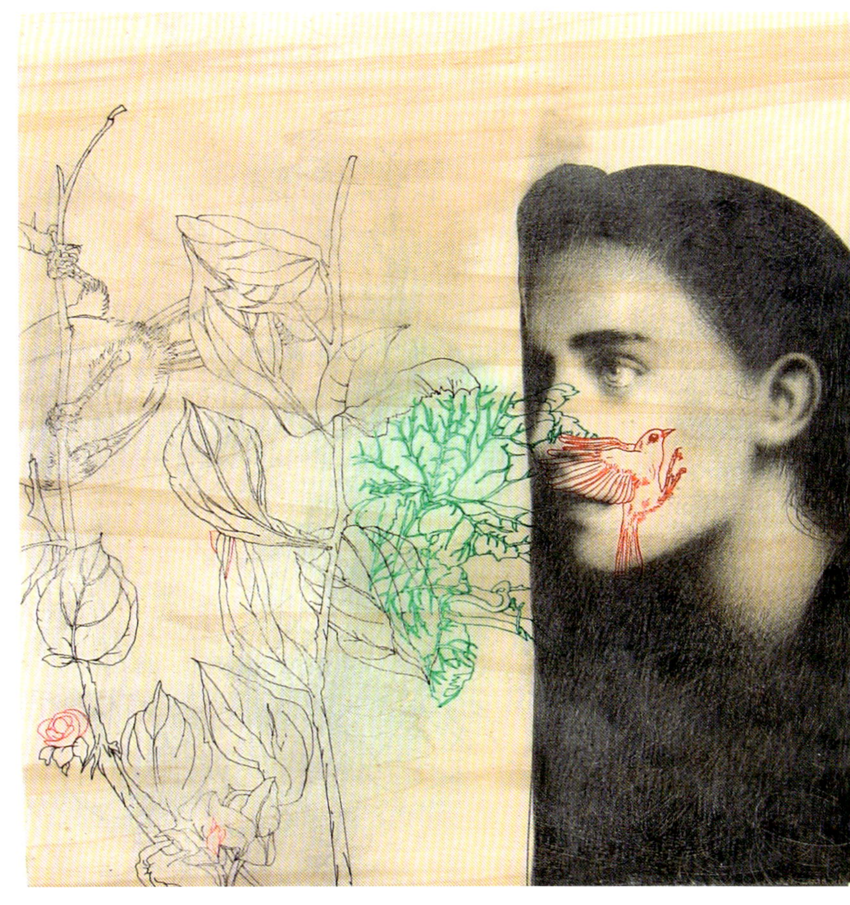

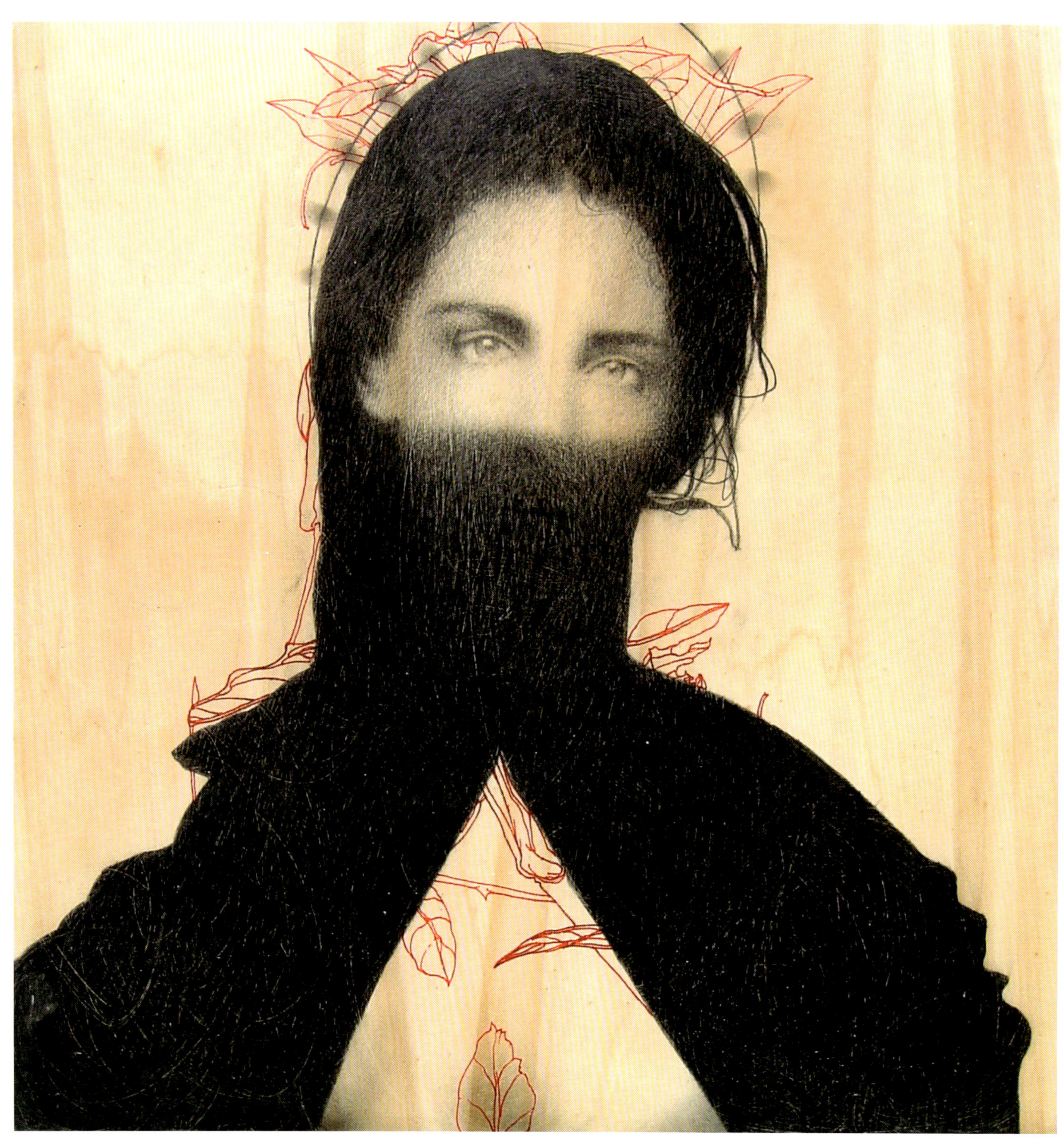

santi | 2006

matita su tavola cm 60x60
pencil on board cm 60x60

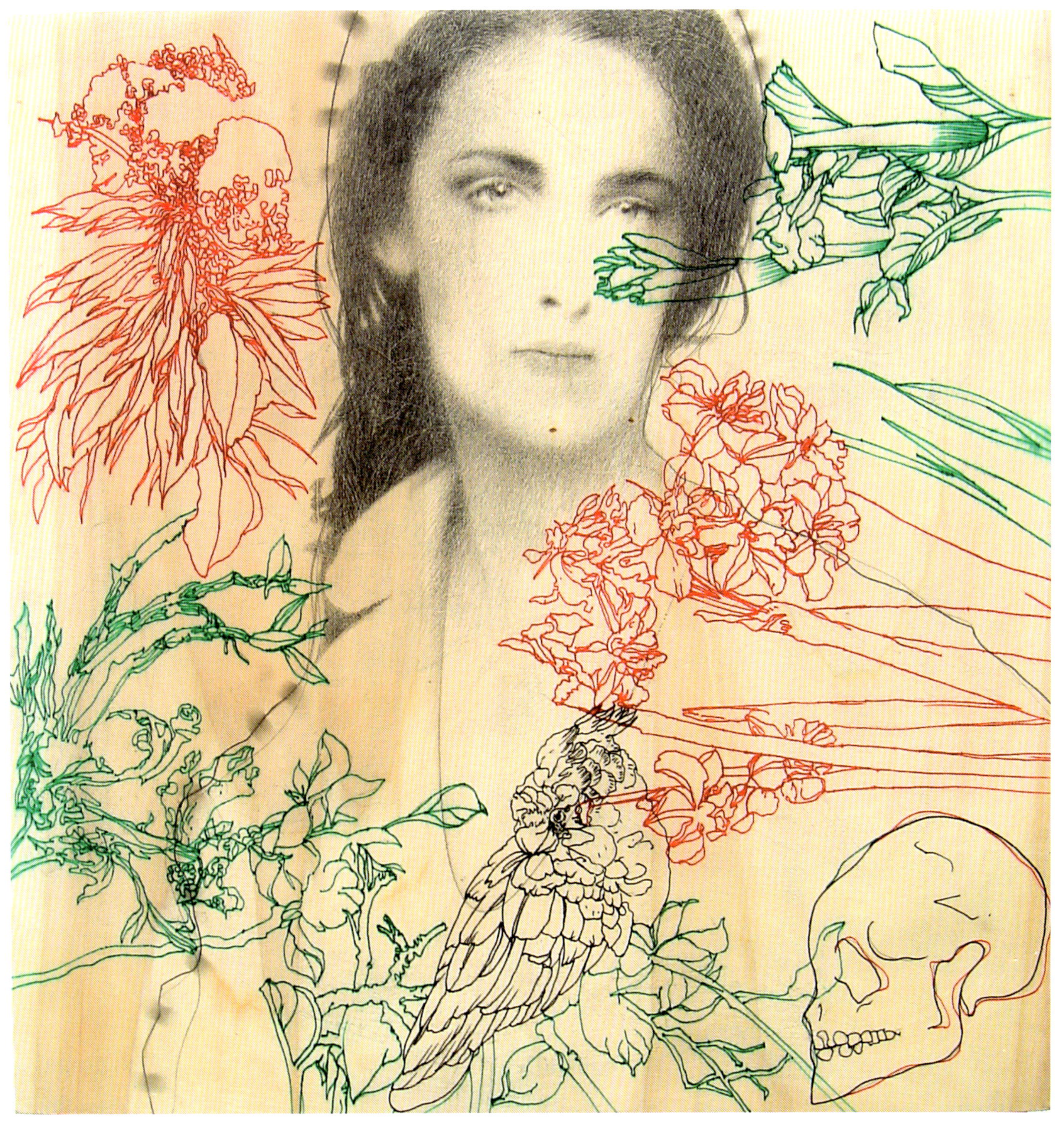

santi | 2006

matita su tavola cm 60x60
pencil on board cm 60x60

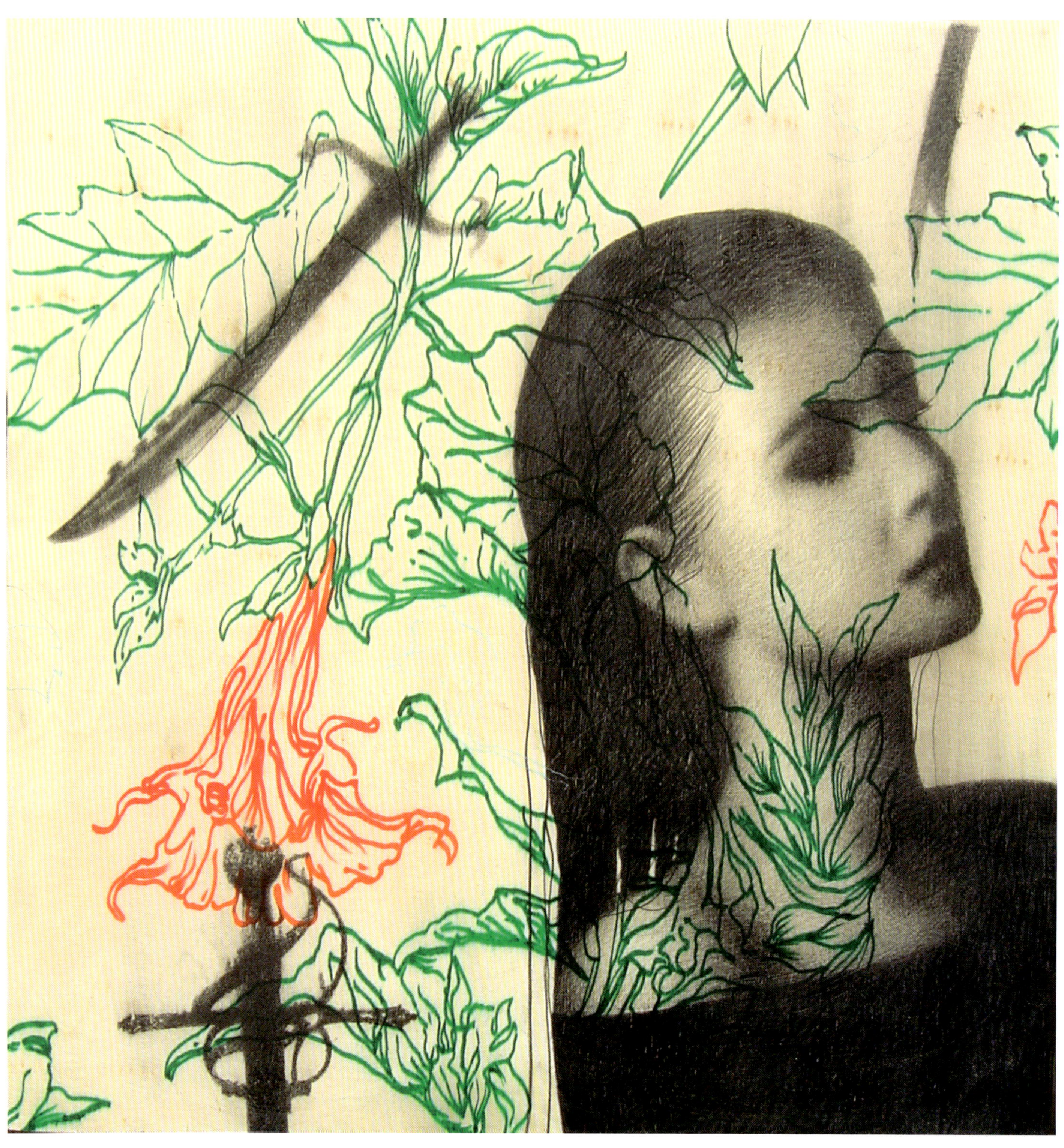

santi | 2006

matita su tavola + inchiostri cm 60x60
pencil on board + ink cm 60x60

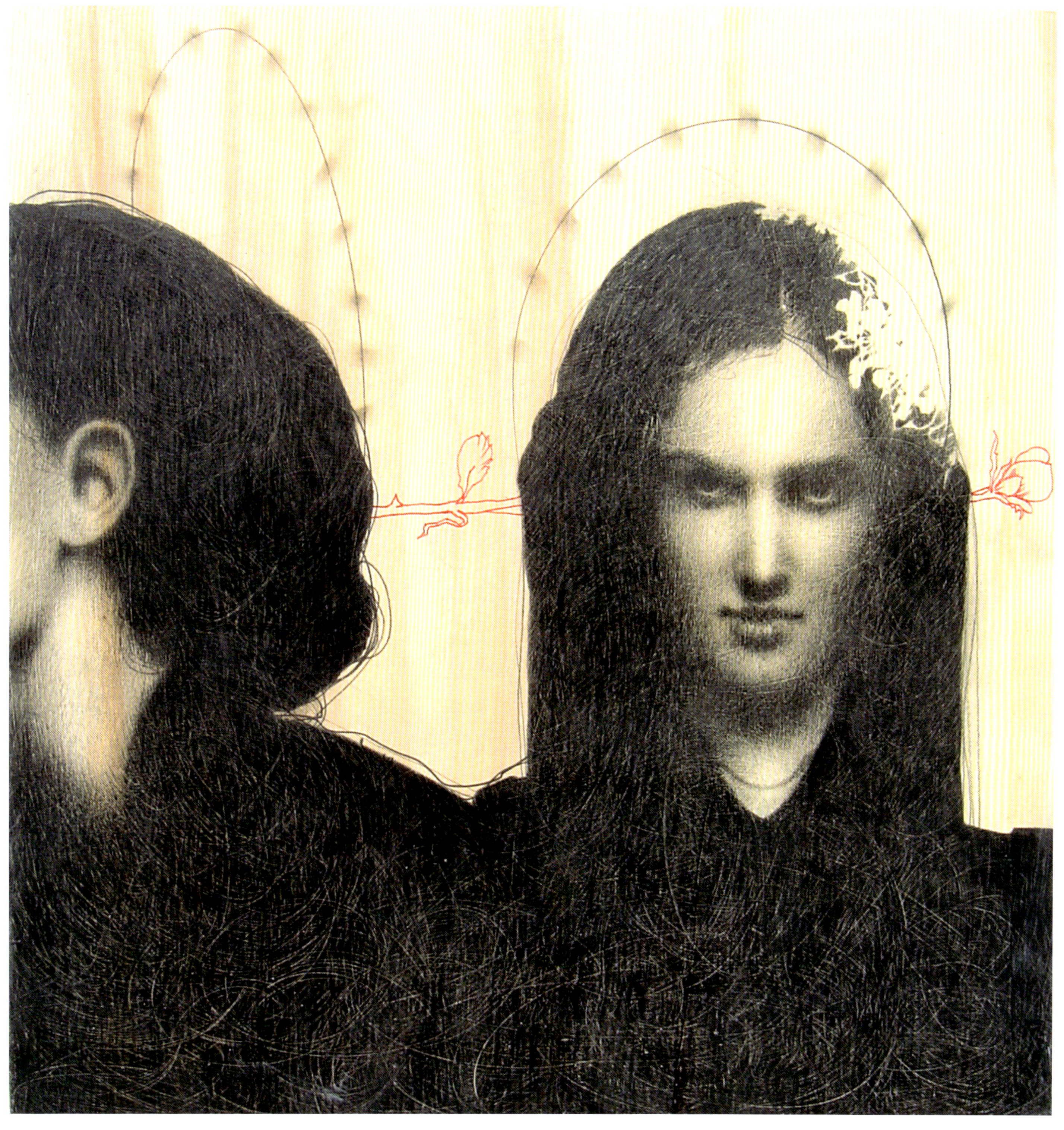

santi | 2006

matita su tavola + inchiostri cm 60x60
pencil on board + ink cm 60x60

santi | 2006-2007

matita su tavola + inchiostri cm 200x200
pencil on board + ink cm 200x200

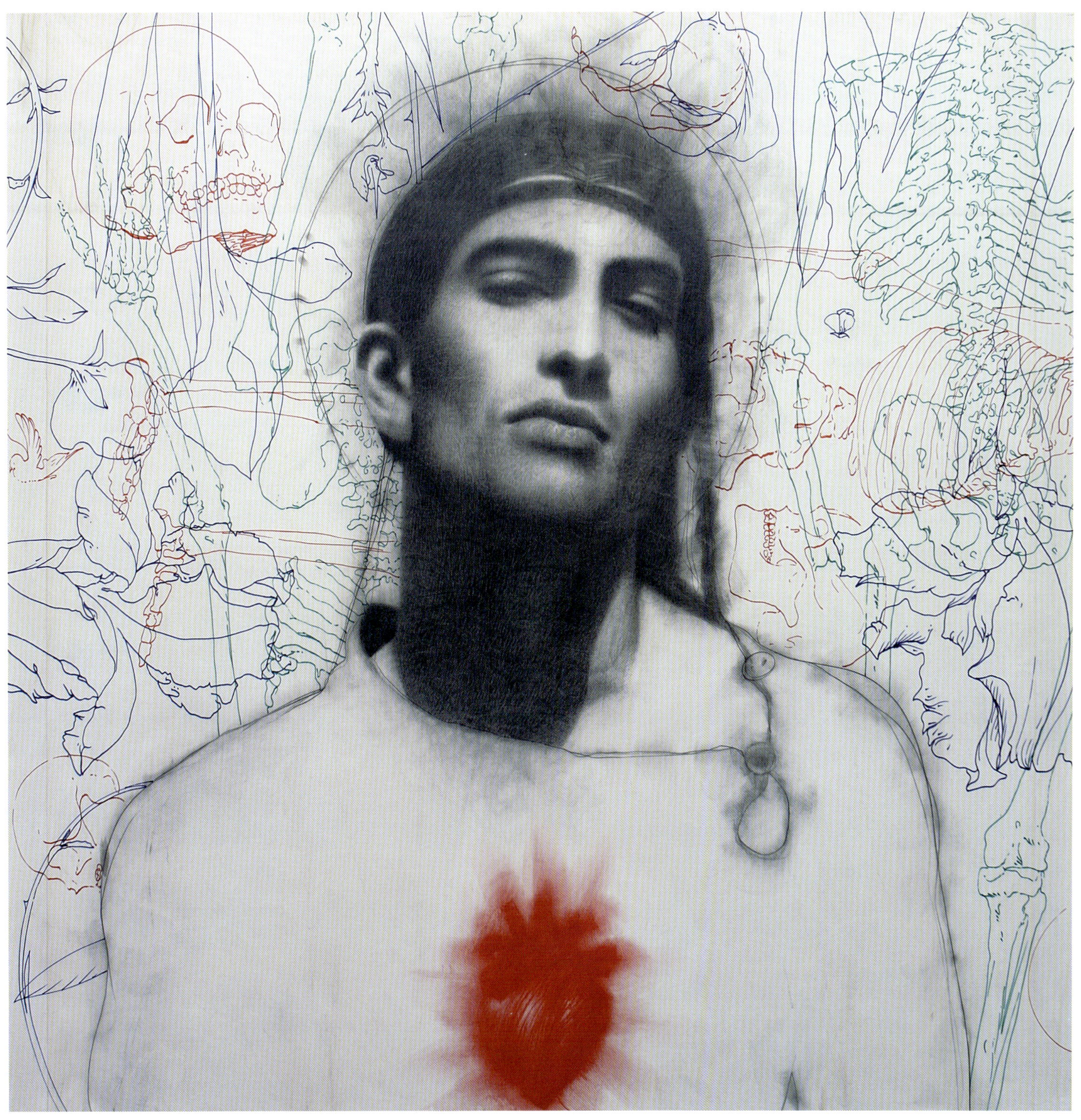

santi | 2006
(particolare / detail)
pastelli su tavola cm 150x150
pastels on board cm 150x150

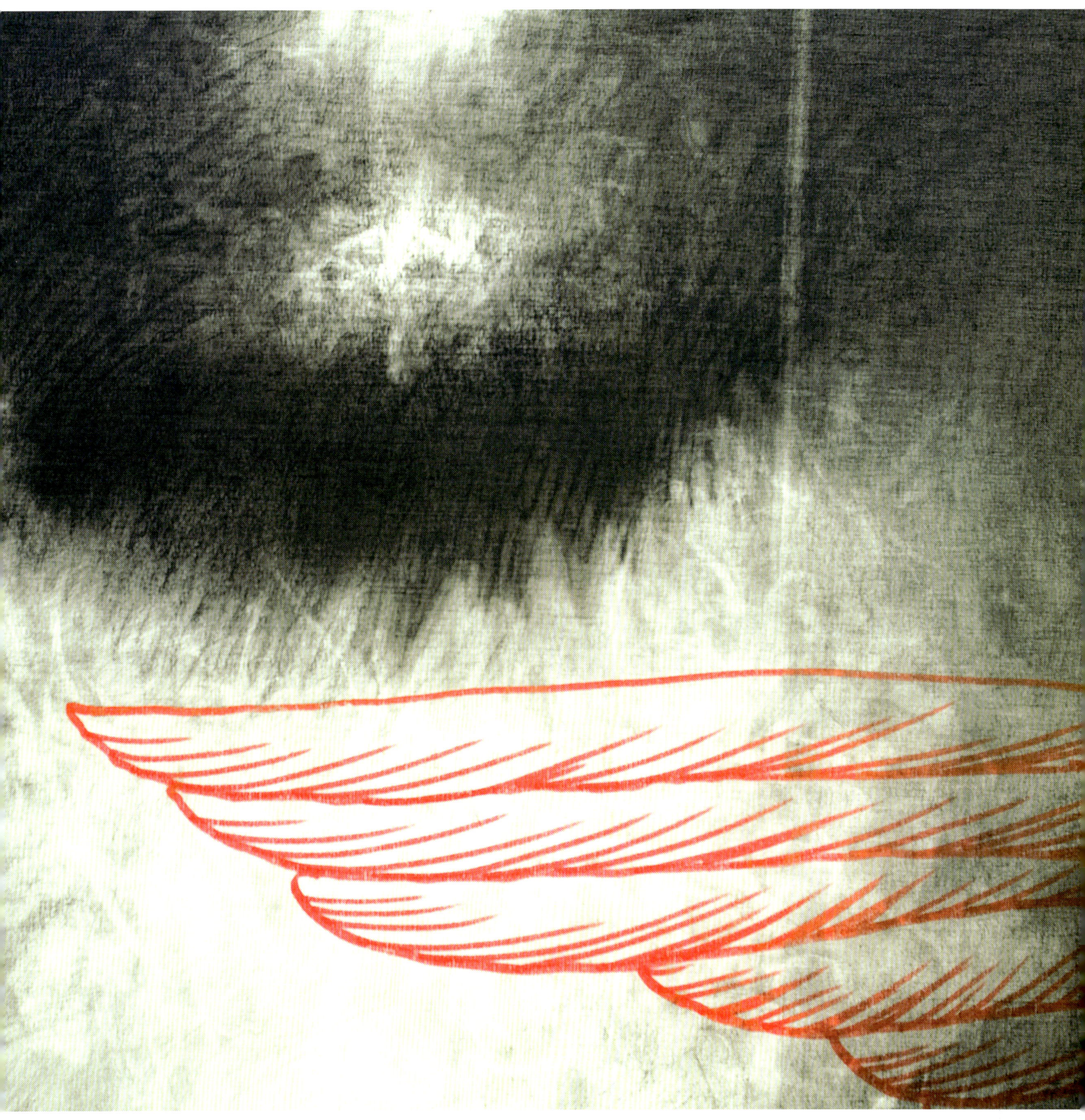

nuovi fiori nuovi santi | 2005

pastelli su tavola cm 150x150
pastels on board cm 150x150

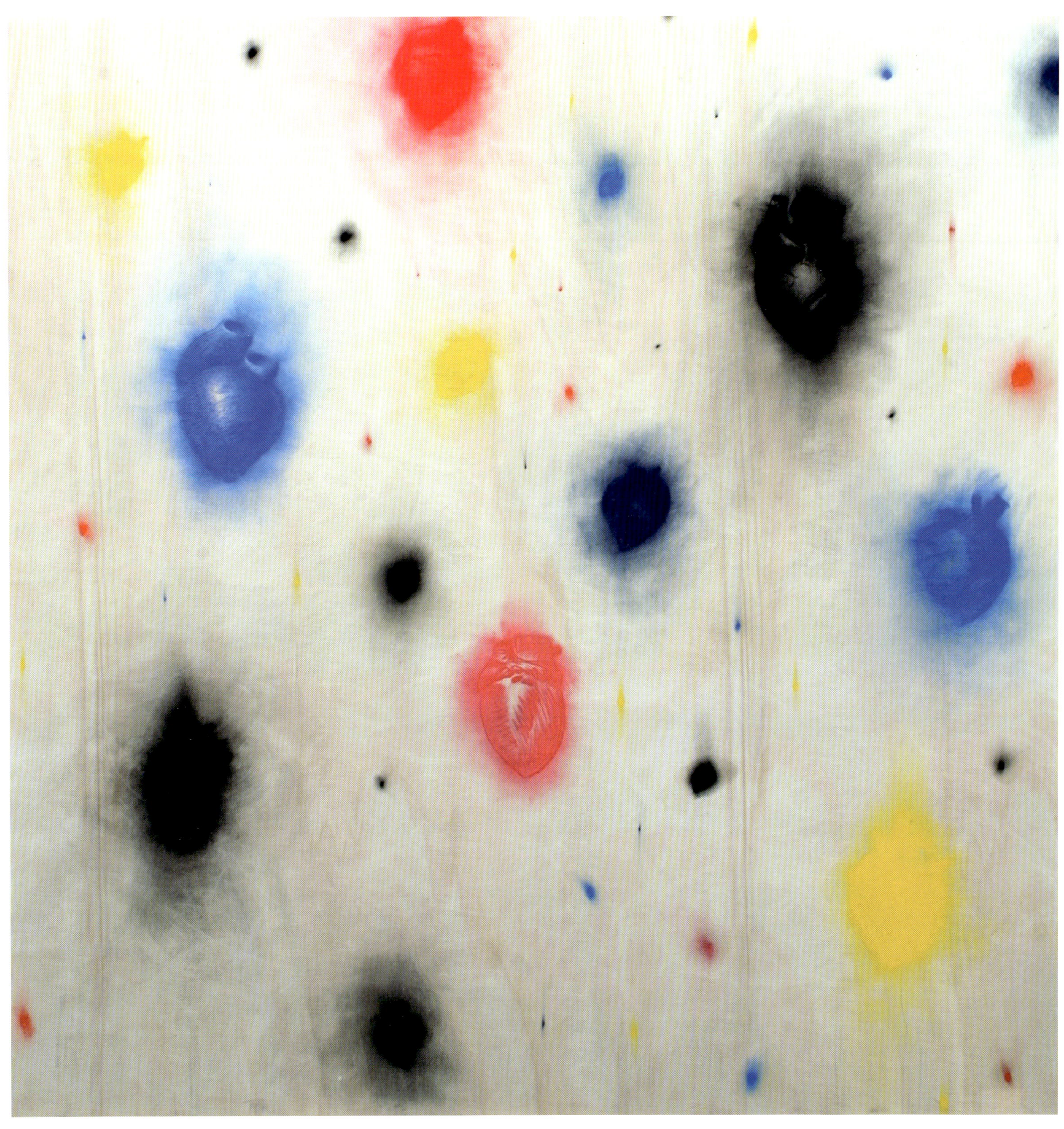

TO SEE SHADOWS AND COLOURS

I want a drawing that can see inside the veins of the sheet of paper, I want a drawing to inhabit the muscles of the sky, I want a drawing that can multiply the gifts, I want a drawing that will take me far away, I want a drawing that plucks the petals of nocturnal roses, I want a drawing to smell of sulphur, I want a drawing that can make dreams rise, I want a drawing without any colours, I want a drawing that can measure oceans, I want a drawing that smells of sex, I want a drawing that forgets the sighs and announced new journeys, I want a drawing to explore the oceans, I want a drawing that might resemble my tired hips on a summer night: bent over a white sheet of snow collected over Christmas between your pearly brows suspended between fully grown trees where the cry of tender lips calls for kisses or salty and honey nibbles. I could see you from above and your copper nape nimbly escaped my caresses leaving me with an intense deep rose perfume in which the red of the centre enlivens the hearts of the living. Living with you is like living next to a volcano by night, when the powder is up above and I live in the waterless abyss and call for the golden tears that you snapped on my breast one night, the night of the migrant stars, that lazily flow down the rivers of my veins into yours that you drank today saying “let’s go”. You didn’t give up. You cried out to me, a cry broken by the wind and you called me to your ancient virginal lap, you who gave birth to a name that carries within the vellum and the horn the noble tone and in it’s far reaching sounds drinks your gaze. A caress of skin and ivory nail inhabit your breath, oh woman of tall faith on stilts made of olive wood burnt in November when your dreams awaken amid the cold and the mist in Fontanellato where Venus is alone in her bath of mirrors; there I saw you bite the breast of beasts unharmed from nearby lands and waters. Bite my lip and eyes, that my blindness may be your guide, child or mother of my thousand swamps suspended between lands of borders and of sex. Join your hands so that I may kiss them together on the day of the extreme angel that takes your breath away and makes a gift of light. Your light!

Fiumaretta – Locanda dell’angelo 28/06/2005 Omar Galliani

PER VEDERE LE OMBRE E I COLORI

Voglio un disegno che veda dentro alle vene del foglio, voglio un disegno che abiti i muscoli del cielo, voglio un disegno che moltiplichi i doni, voglio un disegno che mi porti lontano, voglio un disegno che sfogli i petali di rose notturne, voglio un disegno che profumi di zolfo, voglio un disegno che leviti i sogni, voglio un disegno senza colori, voglio un disegno che misuri gli oceani, voglio un disegno che profumi di sesso, voglio un disegno che dimentichi i sospiri e inauguri nuovi viaggi, voglio un disegno che esplori gli oceani, voglio un disegno che assomigli ai miei fianchi stanchi in una notte d'estate chino su di un foglio bianco di neve raccolto a Natale tra le tue ciglia di perle sospese tra alberi adulti dove il pianto di tenere labbra chiama baci o morsi da sale e miele. Ti vedevo dall'alto e la tua nuca di rame svelta sfuggiva alle mie carezze lasciandomi un profumo intenso di rosa grave in cui il rosso del centro anima il cuore dei vivi. Vivere in te è come abitare il vulcano di notte quando la polvere è in alto ed io abito l'abisso senz'acqua ed invoco le lacrime d'oro che hai spezzato sul mio petto una notte, la notte delle stelle migranti che pigre scendono i fiumi delle mie vene nelle tue che oggi hai bevuto dicendomi "andiamo". Non ti sei rassegnata e lanciandomi un grido interrotto dal vento mi hai chiamato sul grembo di vergine antica, genitrice di un nome che ha nel vello e nel corno il nobile tono che negli alti suoni beve il tuo sguardo. Carezza di pelle e unghia d'avorio abitano i tuoi respiri, donna di fede alta su trampoli di legno d'ulivo bruciato a novembre quando i tuoi sogni si svegliano acuti tra il freddo e la nebbia a Fontanellato dove Venere è sola nel suo bagno di specchi; lì ti ho vista mordere il seno di fiere indenni da terre e acque vicine. Mordimi un labbro e gli occhi, che la mia cecità ti sia di guida, fanciulla o madre delle mie mille paludi sospese tra terre di confine e d'amplesso. Giungi le mani affinchè io possa baciarle insieme nel giorno dell'angelo estremo che toglie il respiro e dona luce. La tua luce!

Fiumaretta – Locanda dell'angelo 28/06/2005 Omar Galliani

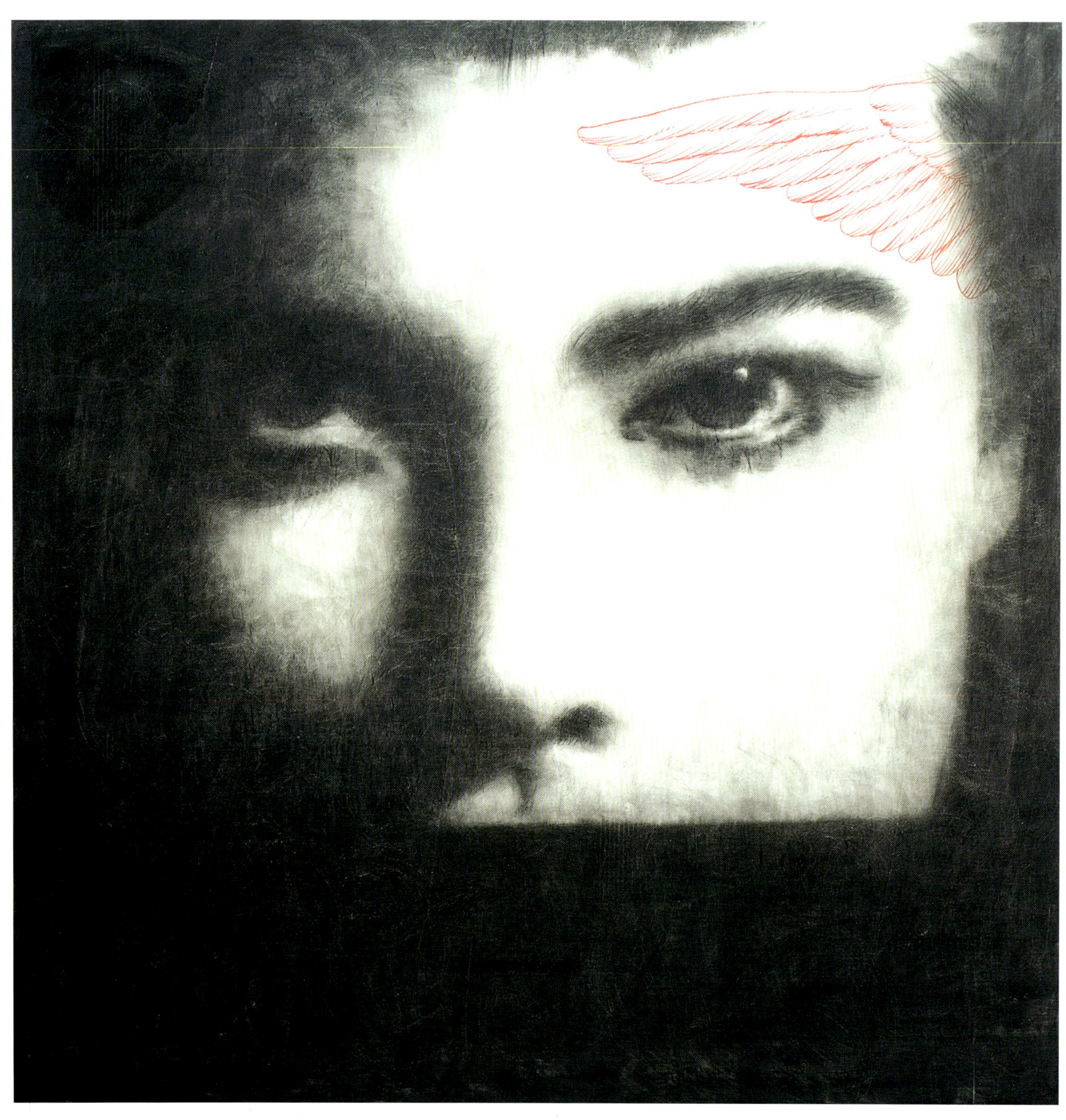

santi | 2006

pastello + matita + inchiostri su tavola cm 150x150
pastel + pencil + ink on board cm 150x150

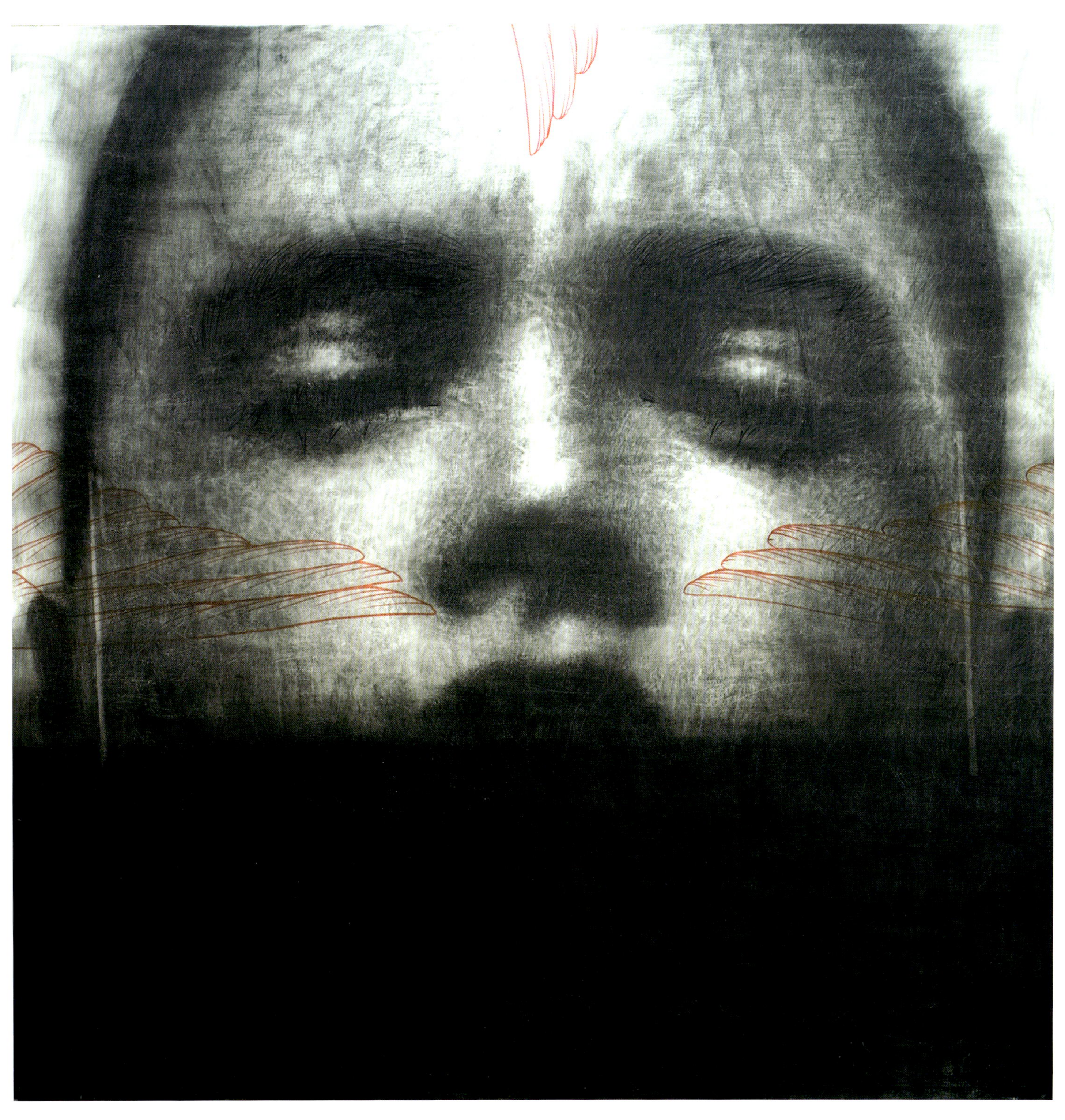

santi | 2006

pastello + matita + inchiostri su tavola cm 150x150
pastel + pencil + ink on board cm 150x150

santi | 2006
pastello + matita + inchiostri su tavola cm 150x150
pastel + pencil + ink on board cm 150x150

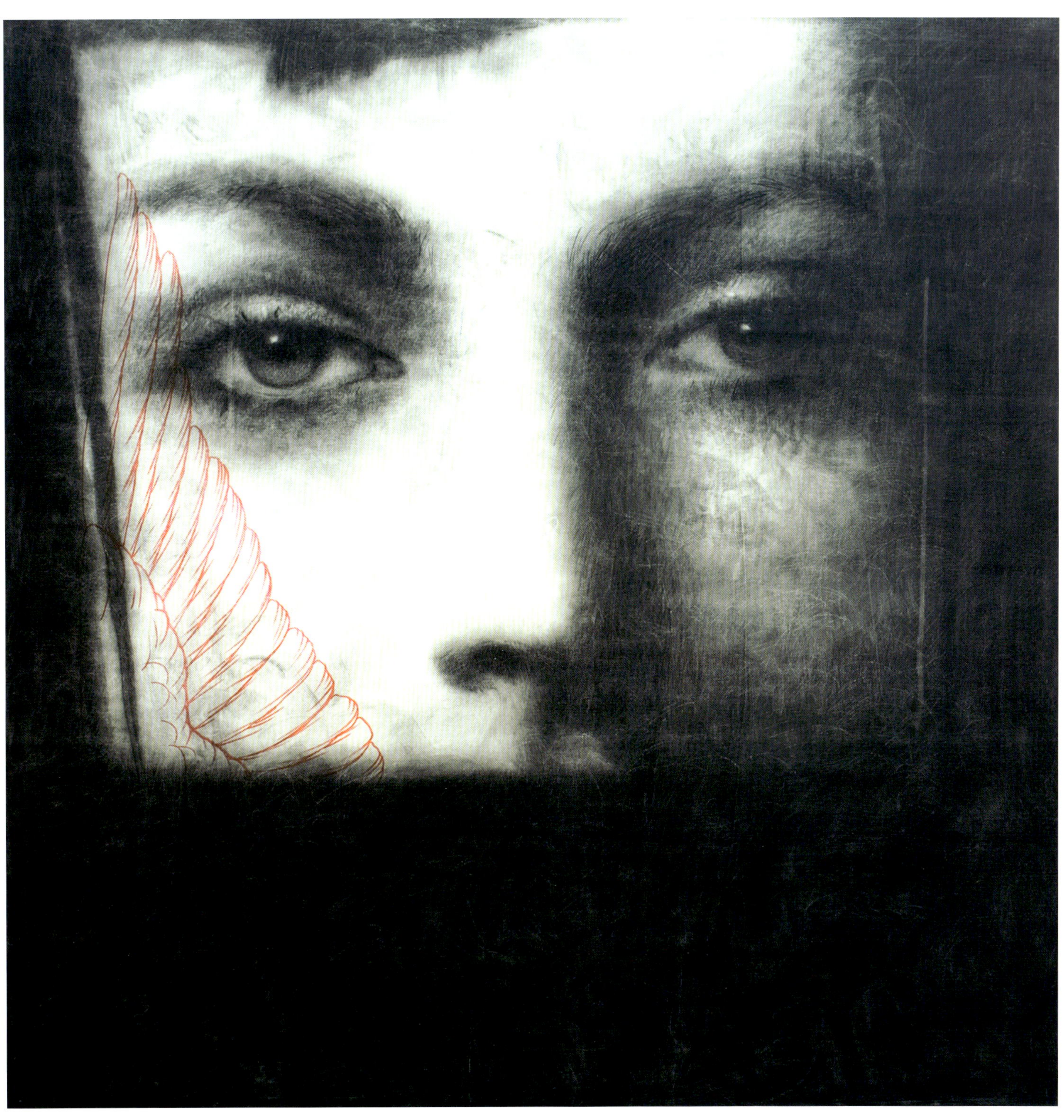

santi | 2006

pastello su tavola + inchiostri cm 150x150
pastel on board + ink cm 150x150

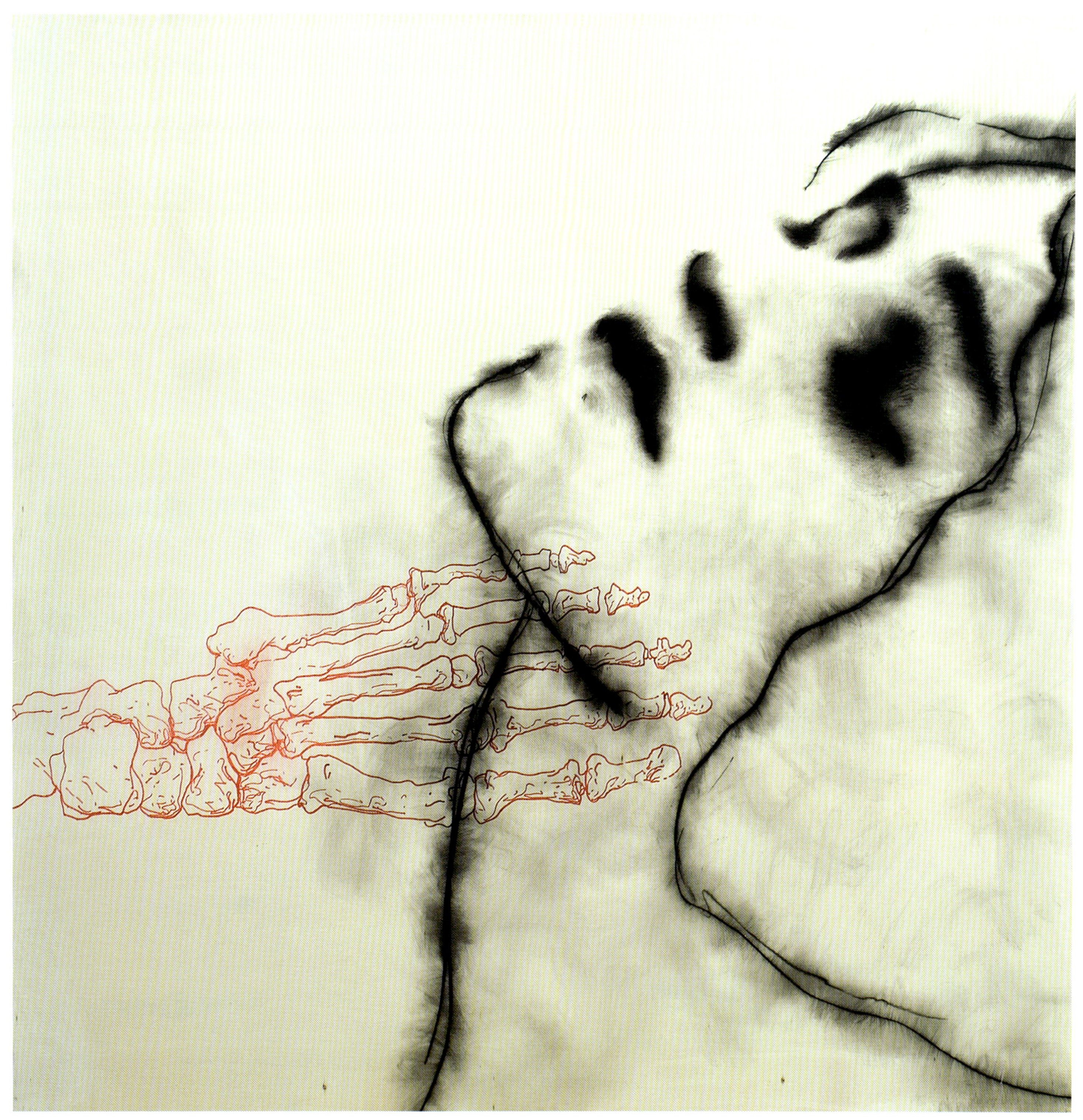

interno | 2000

matita su tavola cm 40x40
pencil on board cm 40x40

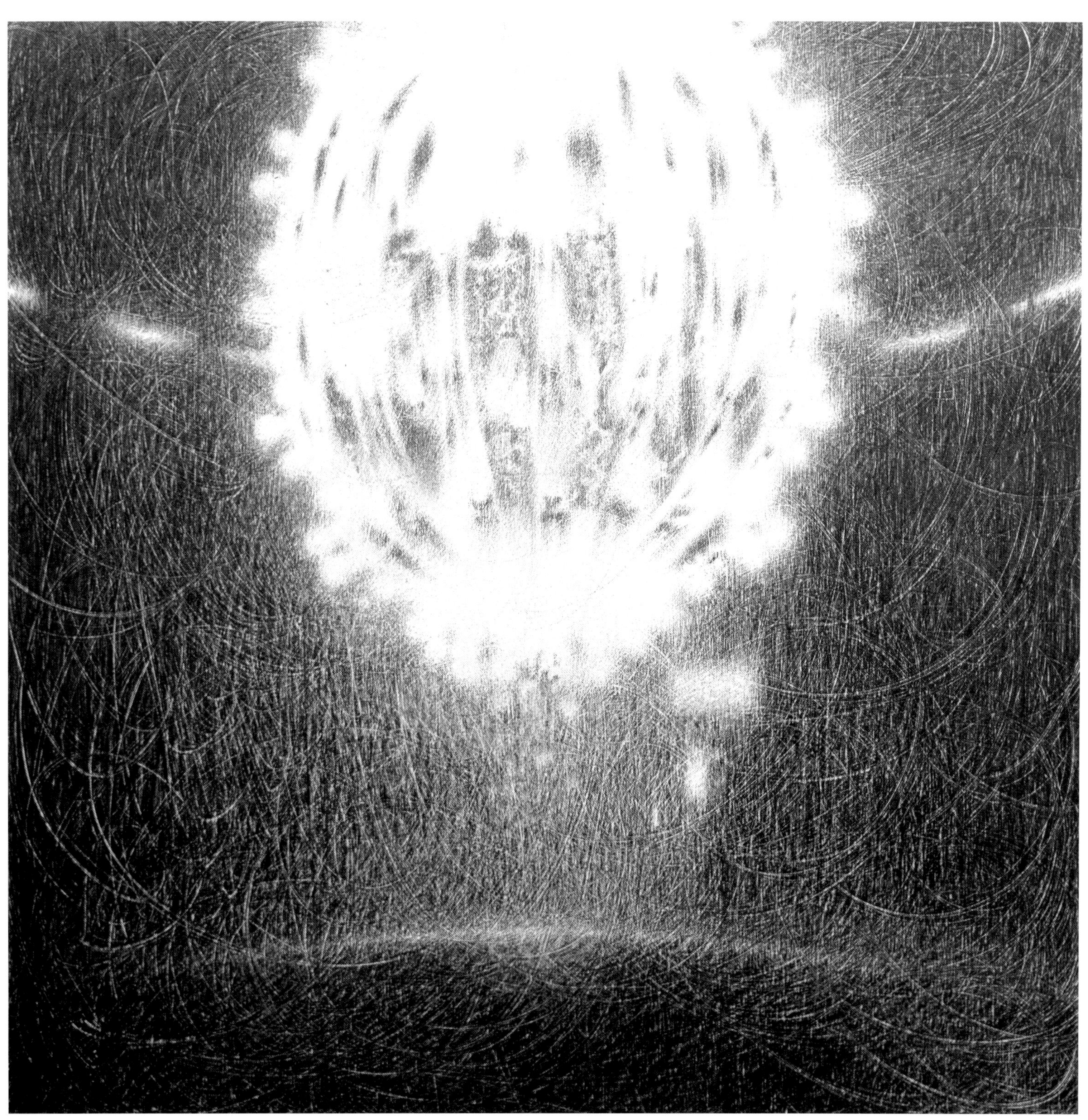

I was dragging the stool over the floor and as I moved it I was amazed by the spluttering of the wood. The subject I had sought on the walls of so many airports or the roads I'd worn thin awaiting a face, I found in the wood of a sunny poplar inhabited by many nests hung between the sky and the earth. I can't say where beauty lies, probably because I don't know what it is. Many have discussed the matter and quarrelled over the precepts, the weights, the balance, the composition, the reasons of and for beauty. There you have it, the reasons and everything that explains beauty end up falling back down on your head because beauty is unattainable. Perhaps poets have got closer than others, but even they when they seemed to have it within their grasp, found that it slipped eel-like between their fingers: Dante, Blake, Rimbaud, Leopardi, Neruda, Pasolini. I draw up to ten hours a day and every time I get the feeling the subject is looking at me and enjoying being looked at, being loved. By loving me it gives me back the life that I lose every day, a little at a time. I know not what beauty is, I only know that once it used to live in books and today I see it here close by. Beauty is unpronounceable or rather no one feels like calling it by name. I don't know where my pencil ends up, perhaps in the corner of a dark room, even rooms are beautiful in the dark, at times you discover glints or glows that you'd never see in the light. Darkness is beautiful!! In the dark the works move better and even I find myself more at ease in my looking. No one sees you. Then beauty flies away and leaves you on the doorstep without explanation! It's name is right there on the threshold of your home and you don't know it. Beauty is: impertinent, regenerating, overwhelming, dumb, blind, sweet, changing, sociable, enchanting, deplorable, desperate, denied, hated, perfumed, returned, gone, shipwrecked, in love, venerated, refused, rejected, kissed, chaste, blandished.

Omar Galliani, Shanghai

Trascinavo sul pavimento lo sgabello e mentre lo spostavo sentivo con meraviglia lo sfregolio del legno. Il soggetto che ho cercato sui muri di tanti aeroporti o di strade consumate nell'attesa di un volto l'ho trovato nel legno di un pioppo solare abitato da tanti nidi sospesi tra cielo e terra. Dirti dove abita la bellezza non lo so, anche perché non so cosa sia. Ne hanno parlato in tanti e tutti a litigare sui canoni, misure, peso, composizione, le ragioni della bellezza. Ecco, la ragione o tutto quello che spiega la bellezza poi ti ricade in testa perché la bellezza è irraggiungibile. Forse i poeti si sono avvicinati più degli altri, ma anche a loro quando sembrava lì a portata di mano scivolava via come un'anguilla dalle mani: Dante, Blake, Rimbaud, Leopardi, Neruda, Pasolini. Io disegno anche dieci ore al giorno e tutte le volte sento che il soggetto mi guarda e si compiace nel suo essere guardato, del suo essere amato. Amandomi mi restituisce la vita che ogni giorno perdo un po' alla volta. Cosa sia la bellezza non lo so, so soltanto che una volta per me abitava nei libri e oggi la vedo qui vicino. La bellezza è impronunciabile o meglio nessuno si sente di chiamarla per nome. Non so dove finisca la mia matita, magari in un angolo di una stanza buia, anche le stanze sono belle al buio, a volte scopri dei riflessi o dei bagliori che con la luce non li vedresti mai. Il buio è bello!!! Nel buio le opere si muovono meglio e anche tu ti trovi a tuo agio nel guardare. Nessuno ti vede. La bellezza poi scappa via e ti lascia sull'uscio senza spiegarti perché! Il suo nome è proprio lì sulla porta di casa e non lo sai. La bellezza è: impertinente, rigenerante, travolgente, muta, cieca, dolce, mutevole, socievole, incantevole, deplorevole, disperata, negata, odiata, profumata, tornata, andata, naufragata, innamorata, venerata, rifiutata, rinnegata, baciata, castigata, lusingata.

Omar Galliani, Shanghai

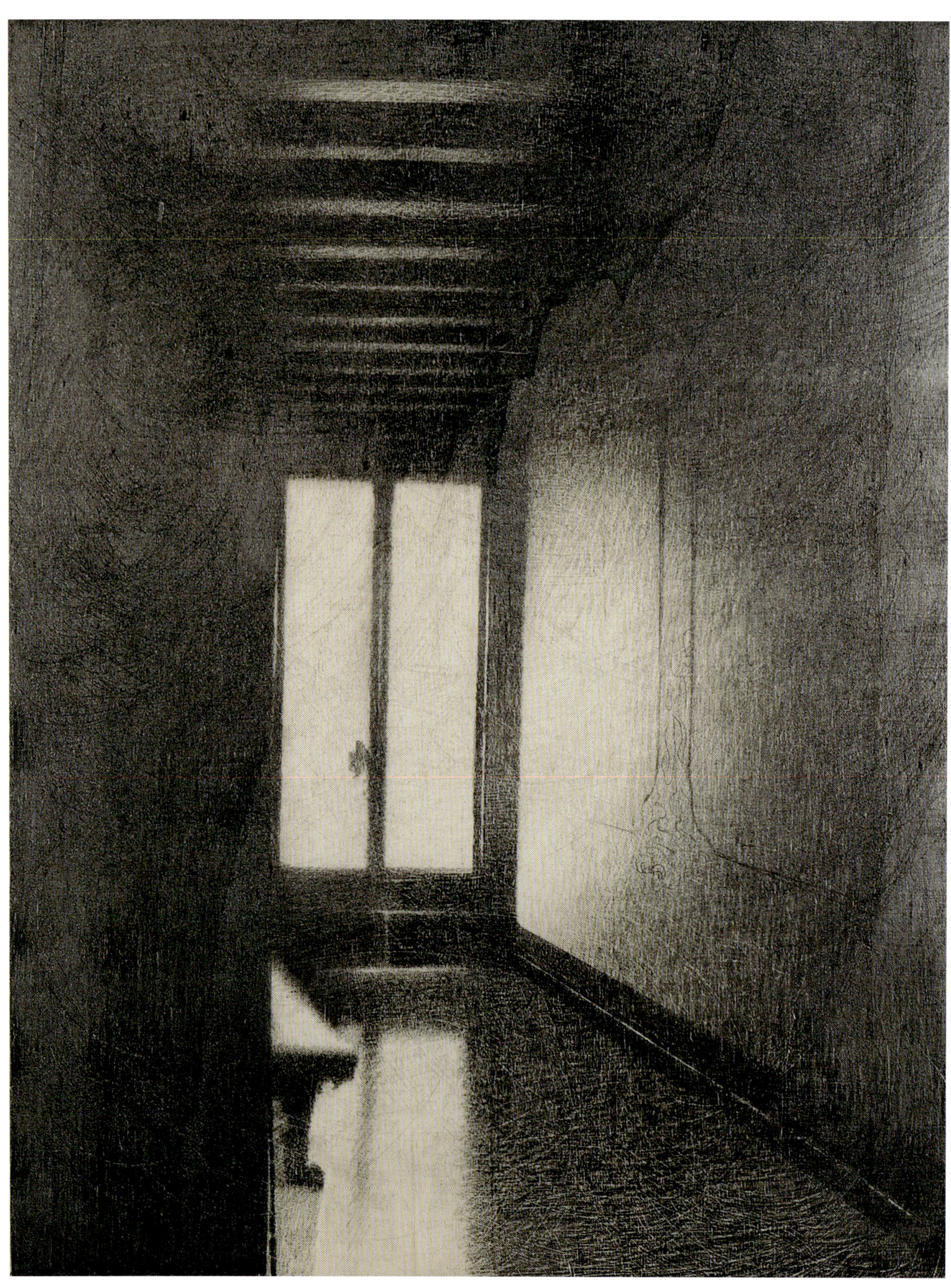

interno | 2006

matita su tavola cm 50x35

pencil on board cm 50x35

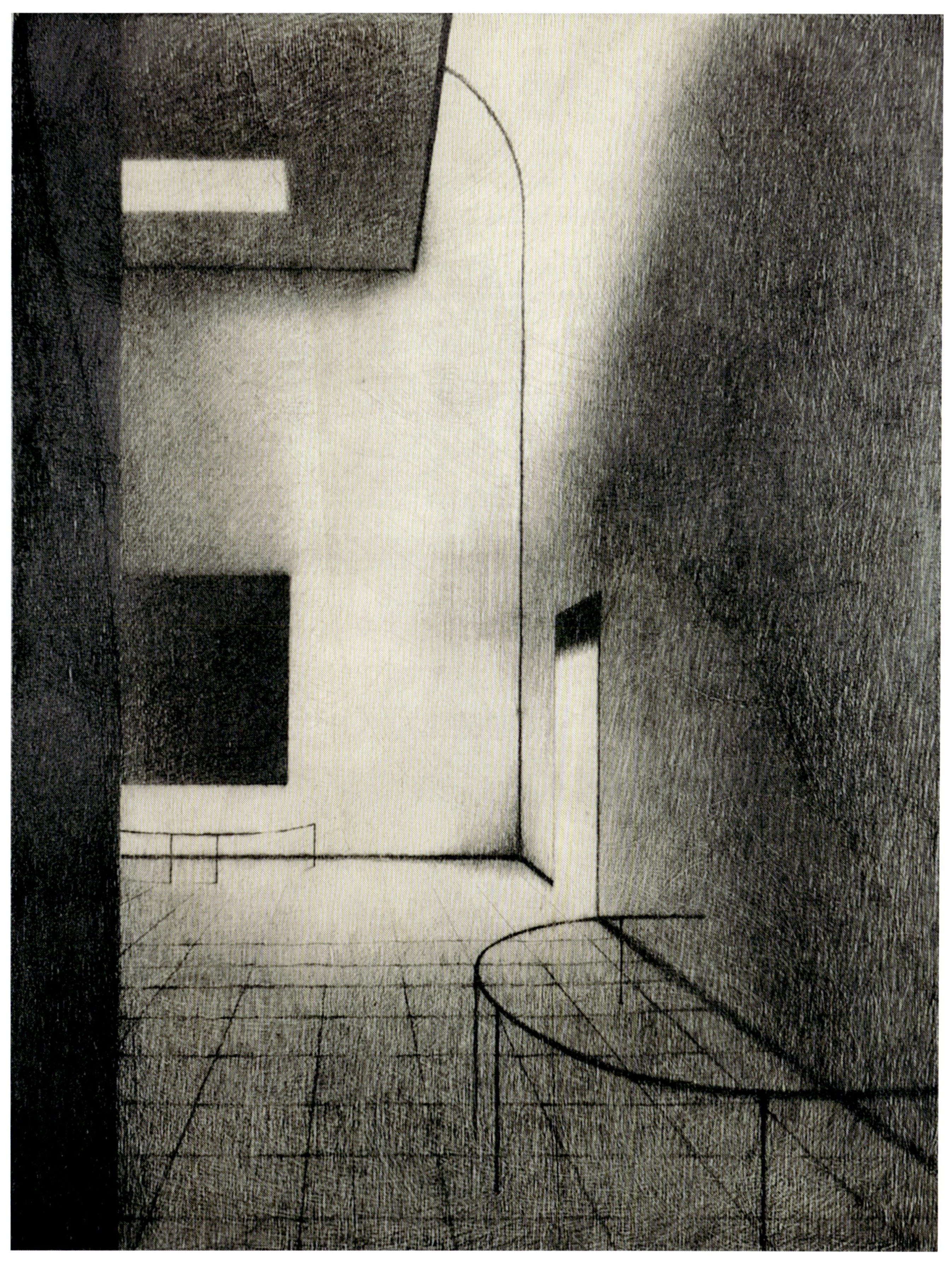

interno | 2006

matita su tavola cm 50x35
pencil on board cm 50x35

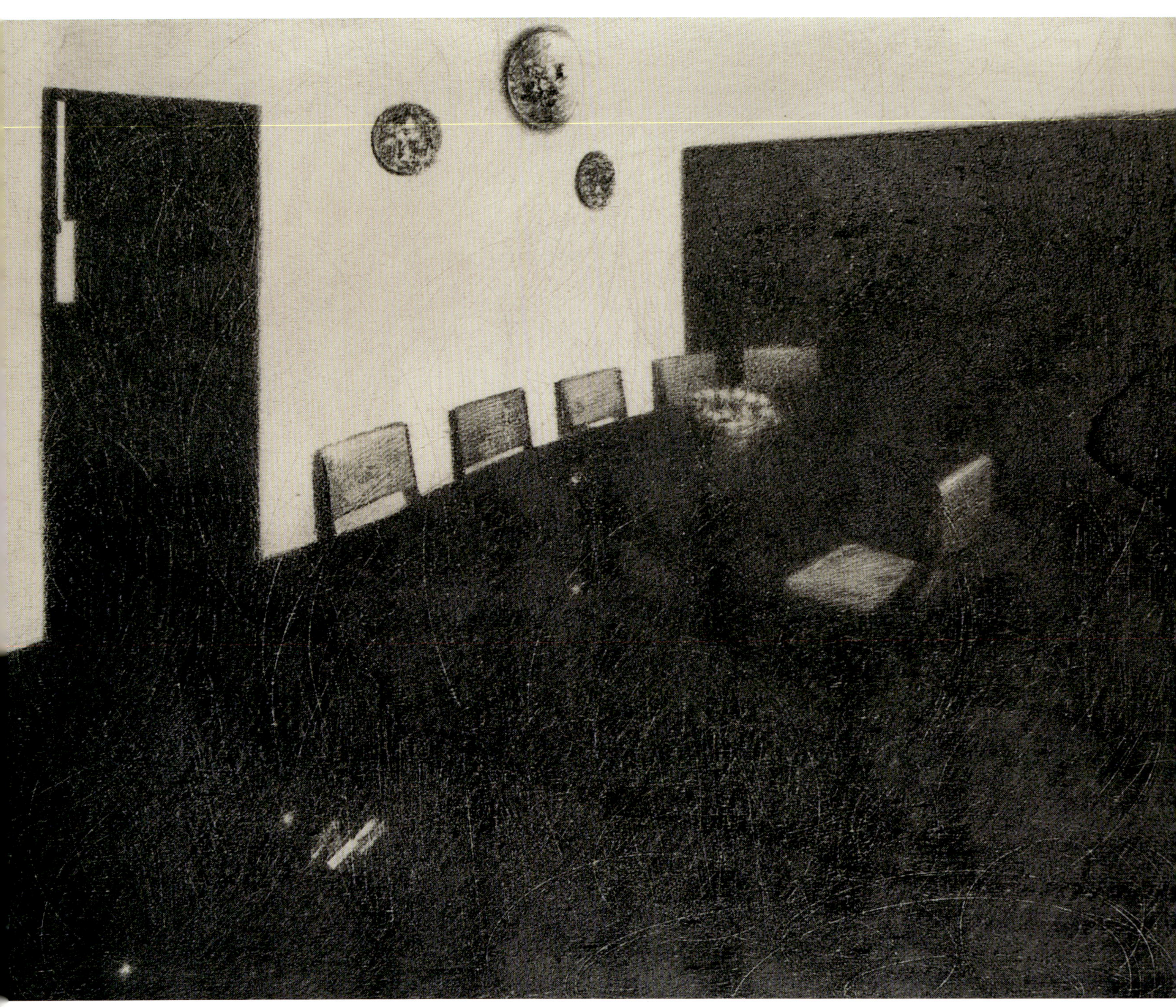

interno | 2006

matita su tavola cm 50x35

pencil on board cm 50x35

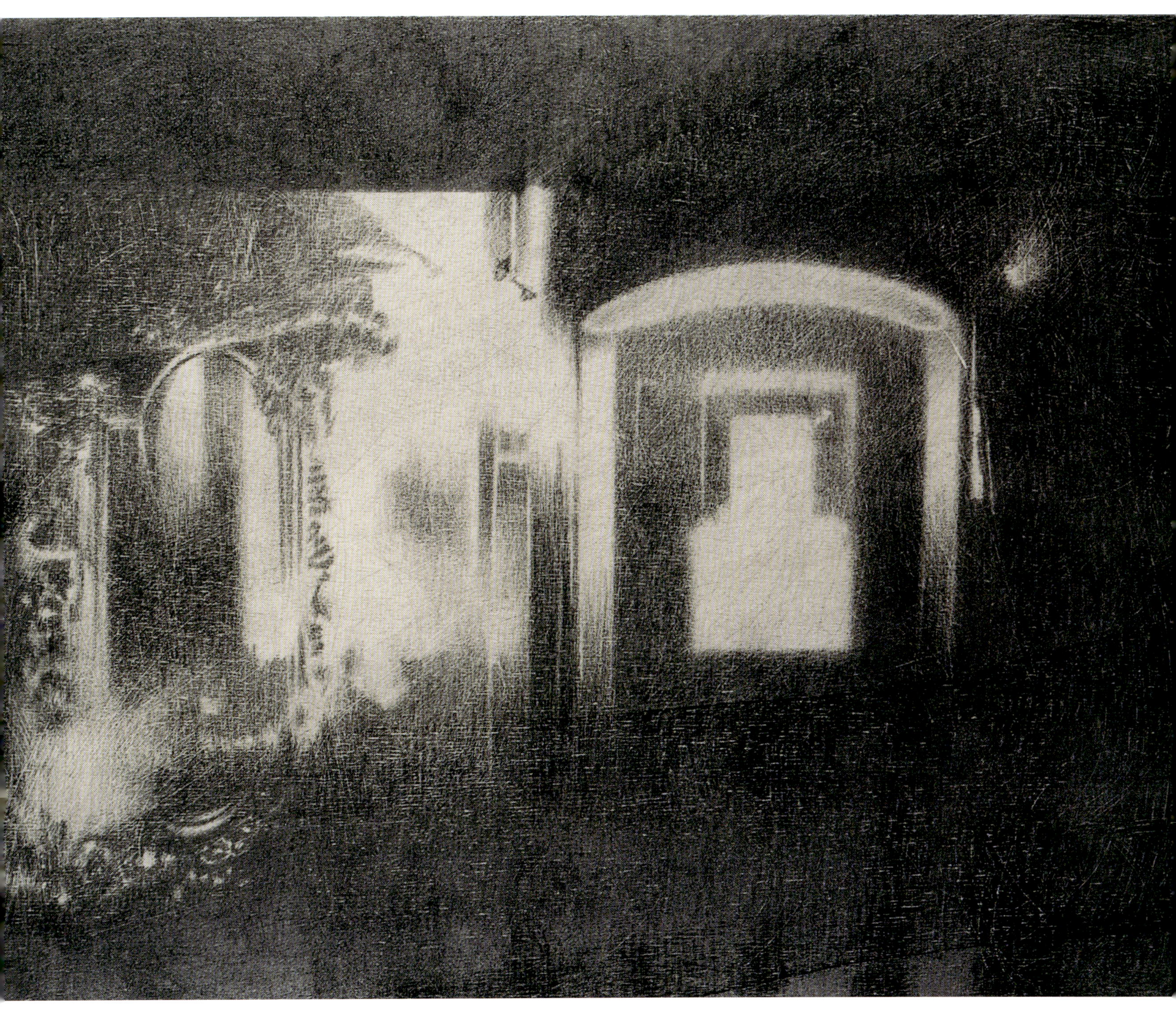

interno | 2006

matita su tavola cm 50x35
pencil on board cm 50x35

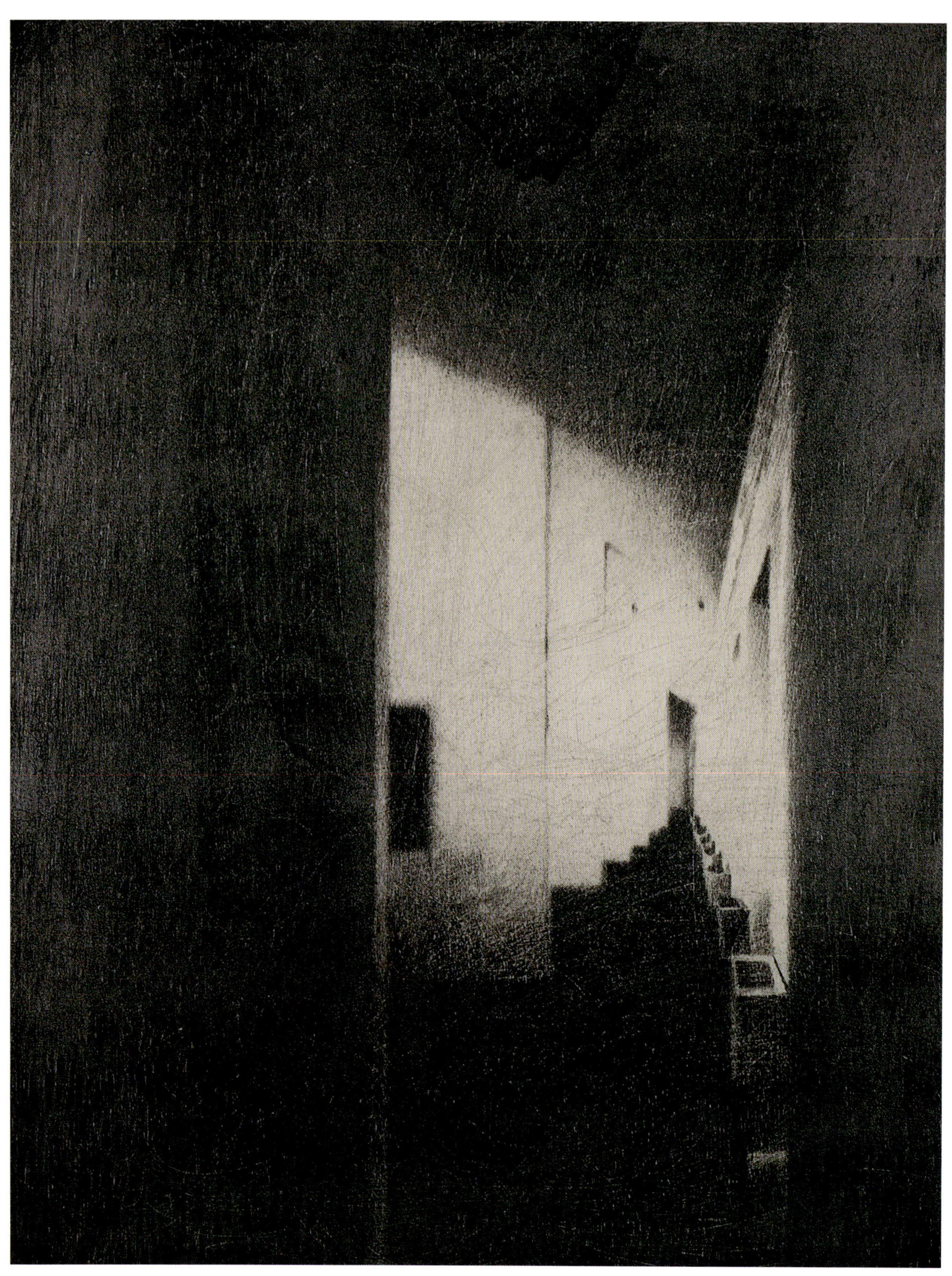

interno | 2006

matita su tavola cm 50x35
pencil on board cm 50x35

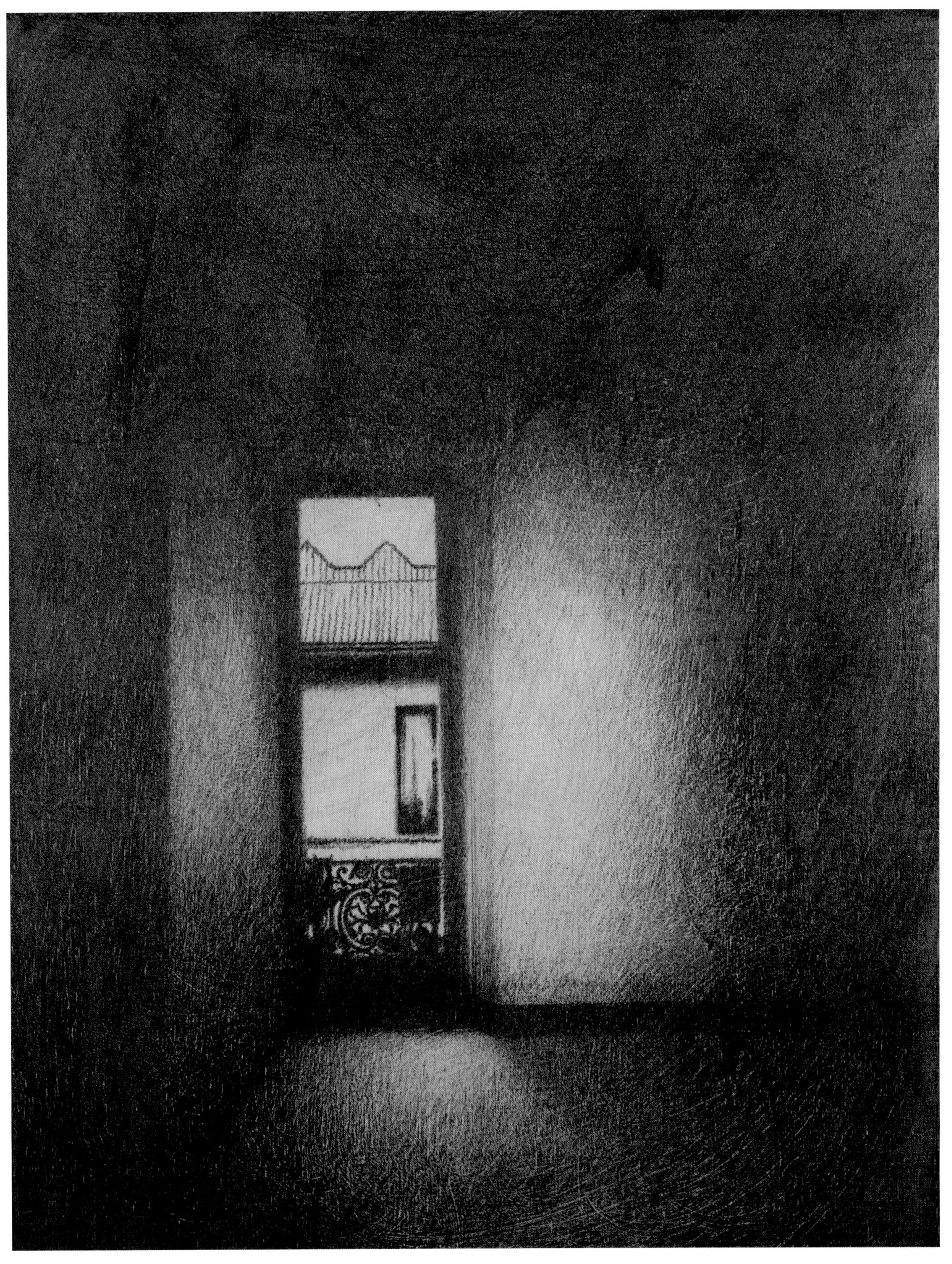

interno | 2006

matita su tavola cm 50x35
pencil on board cm 50x35

interno | 2006

matita su tavola cm 50x35

pencil on board cm 50x35

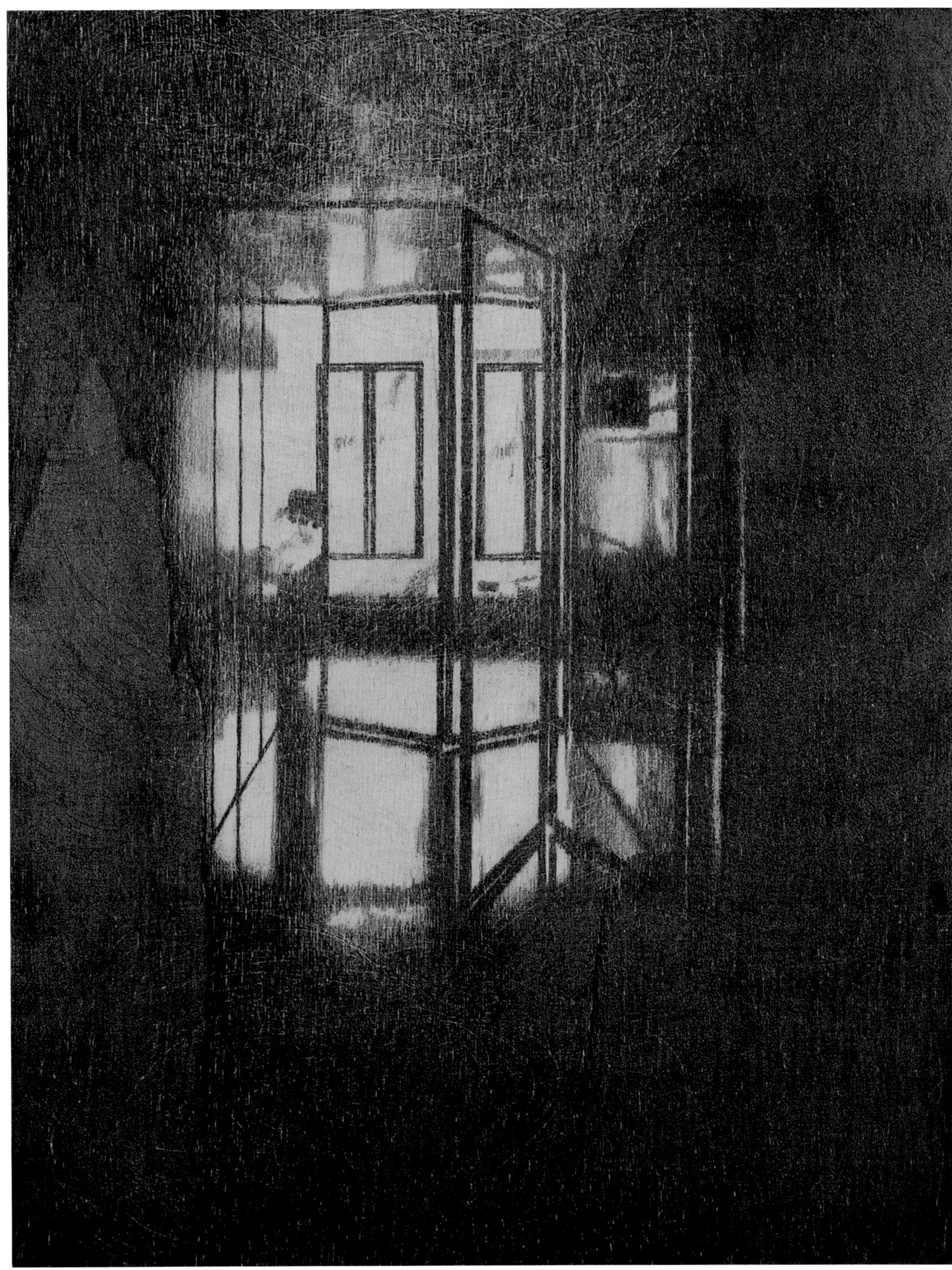

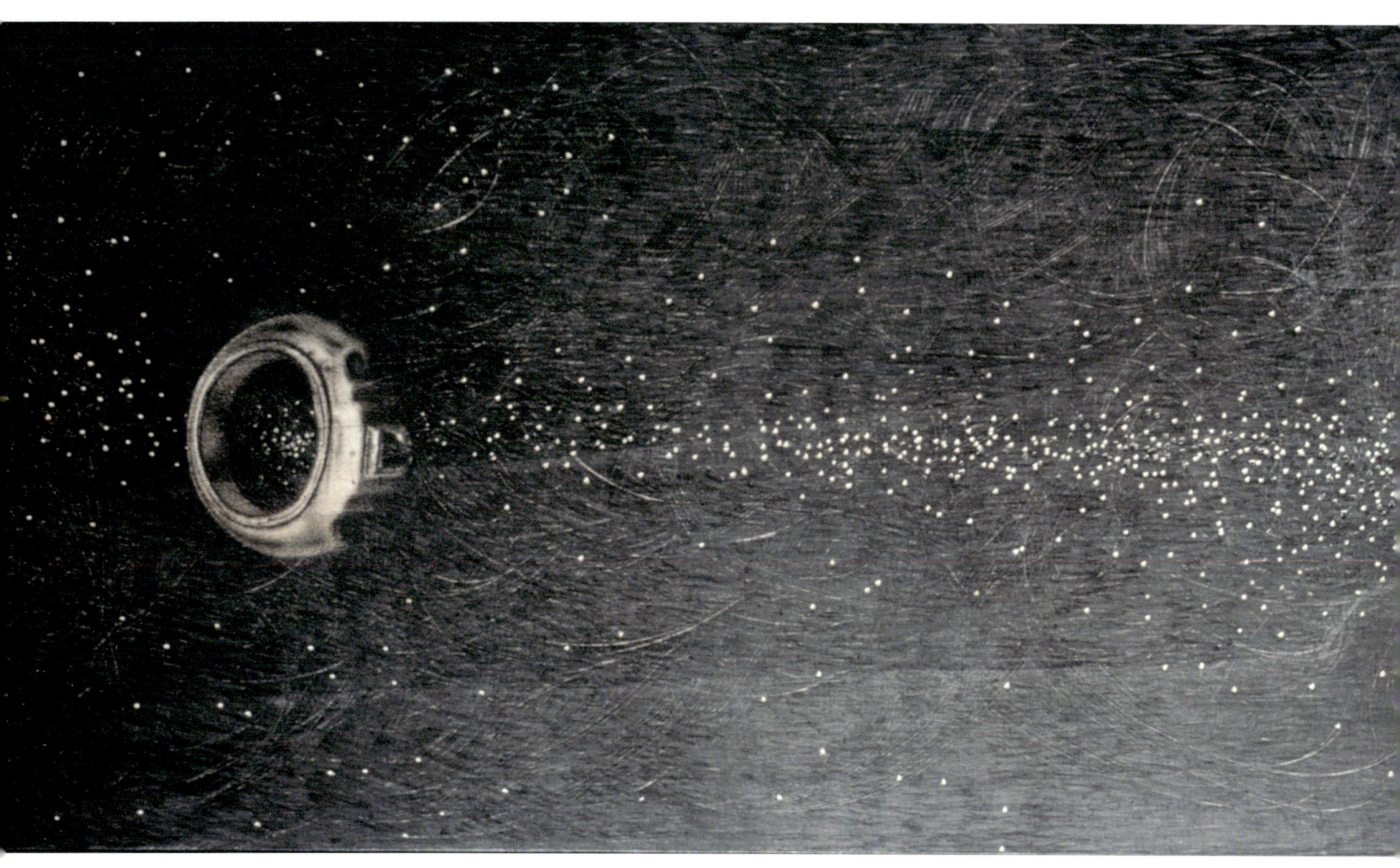

grande disegno siamese | 2002

matita su tavola cm 100x300
pencil on board cm 100x300

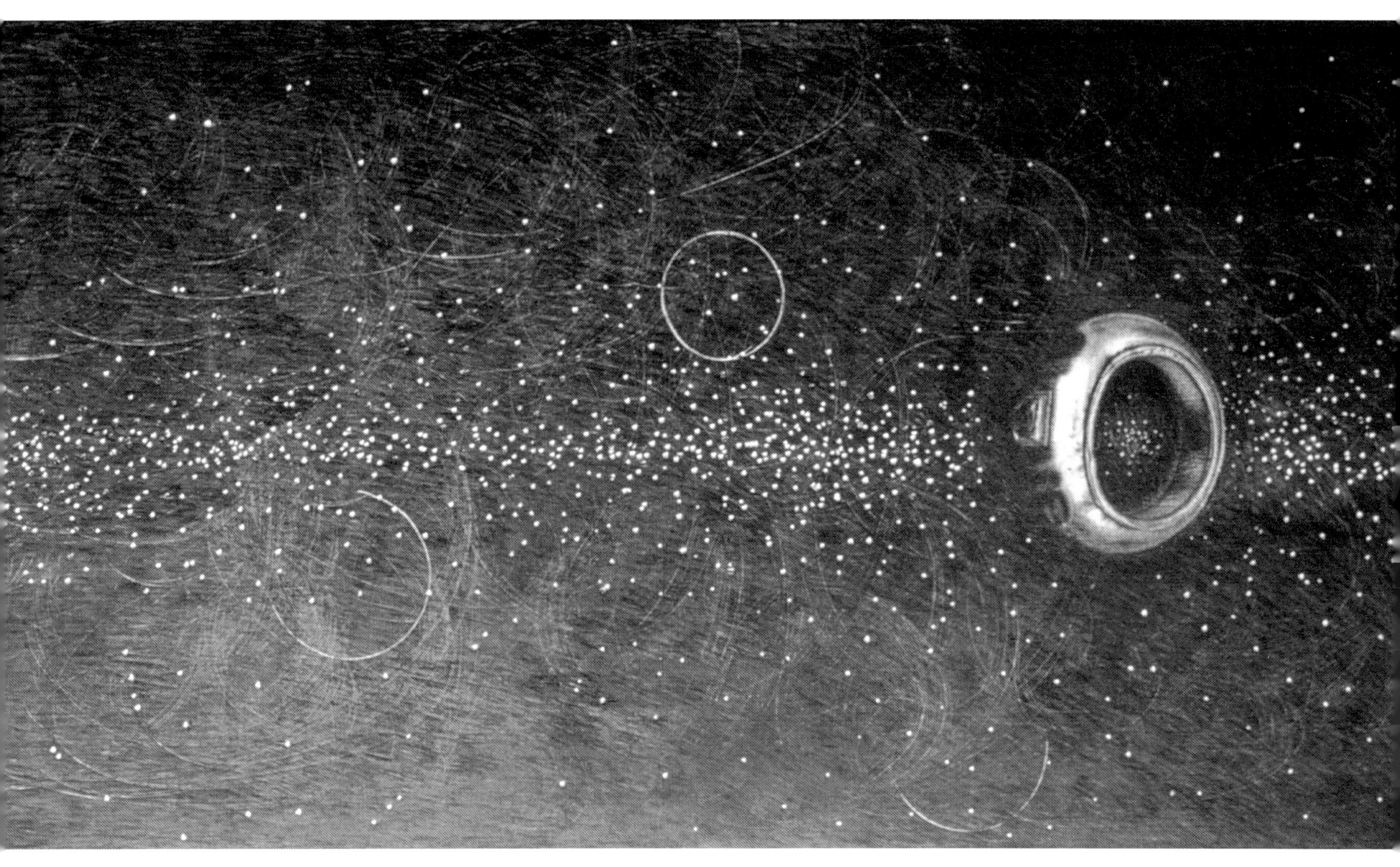

FORTY ONE ROSES?

THERE ARE TWENTY FIVE ROSES IN YOUR DRAWER TODAY,
LET ME SEE THEM NOW!
PRESS YOUR HANDS TO YOUR HEART AND GRAB THEM ALLTOGETHER,
PLEASE DON'T HESITATE.
THE LAST TIME YOU LET THEM FALL THEY
STAINED THE ENTIRE FLOOR.
THEY WERE WHITE, JUST ONE RED ONE IN THE MIDDLE OF THE BUNCH,
TIED WITH A WHITE SILK RIBBON.
ROSES DON'T ALWAYS PERFUME, THEY HOLD
THEIR BREATH AT LENGTH DURING THE DAY
AND FREE THEIR SUBTLE AND INTENSE SPIRITS AT DUSK.
THE EARTH USES FLOWERS TO BREATHE. LISTEN TO IT!
FIFTY PENCILS WILL NOT SUFFICE
TO FREE THEM ALL ON THAT PANEL OF LIGHT COLOURED POPLAR.
THE WOOD FEEDS ON YOUR PENCILS,
SUBLIME WITH ITS VEINS IN GREY AND BLACK.
LEAD SILK IS THE FABRIC THAT IT'S PULP PRODUCES.
YOU WISH THE ROSES MIGHT BLOSSOM INSTANTLY
NO LONGER TO WEIGH DOWN ON YOUR EYES
TIRED BY THE NEON LIGHT IN THE NARROW NIGHT TIME HOURS.
THE GLOW OF THE DRAWING VARIES IN TIME,
THE HUMOURS OF THE WOOD CHANGE THE PLOT BUT NOT THE SUBJECT
WHICH, SUBLIME AND DISTANT
EYES US AWARE OF ITS OWN AGENDA.

Omar Galliani, Mexico City 2005

QUARANTUNO ROSE?

OGGI CI SONO VENTICINQUE ROSE NEL TUO CASSETTO,
FAMMELE VEDERE ADESSO!
SPINGI LE TUE MANI SUL CUORE E AFFERRARLE TUTTE INSIEME,
NON ESITARE TI PREGO.
L'ULTIMA VOLTA LE HAI LASCIATE CADERE E TI HANNO MACCHIATO TUTTO IL PAVIMENTO.
ERANO BIANCHE, SOLO UNA ERA ROSSA AL CENTRO DI UN MAZZO,
LEGATO CON UN NASTRO DI SETA BIANCA.
LE ROSE NON SEMPRE PROFUMANO, TRATTENGONO
IL RESPIRO A LUNGO DURANTE IL GIORNO
E LIBERANO AL TRAMONTO IL LORO UMORE SOTTILE E INTENSO.
LA TERRA SI SERVE DEI FIORI PER RESPIRARE. ASCOLTALA!
NON TI BASTERANNO CINQUANTA MATITE
PER LIBERARLE TUTTE SU QUELLA TAVOLA DI PIOPPO CHIARO.
IL LEGNO SI NUTRE DELLE TUE MATITE,
SUBLIME CON LE SUE VENE CON I GRIGI E I NERI.
SETA DI PIOMBO È IL TESSUTO CHE PRODUCE LA SUA POLPA.
LE ROSE, VORRESTI CHE SI APRISSERO SUBITO
E NON GRAVASSERO PIÙ SUI TUOI OCCHI STANCHI
DI LUCE AL NEON NELLE ORE STRETTE DELLA NOTTE.
IL BAGLIORE DEL DISEGNO VARIA COL TEMPO,
GLI UMORI DEL LEGNO CAMBIANO LA TRAMA MA NON IL SOGGETTO
CHE SUBLIME E DISTANTE
CI GUARDA CONSAPEVOLE DELLA PROPRIA CONSEGNA.

Omar Galliani, Mexico City 2005

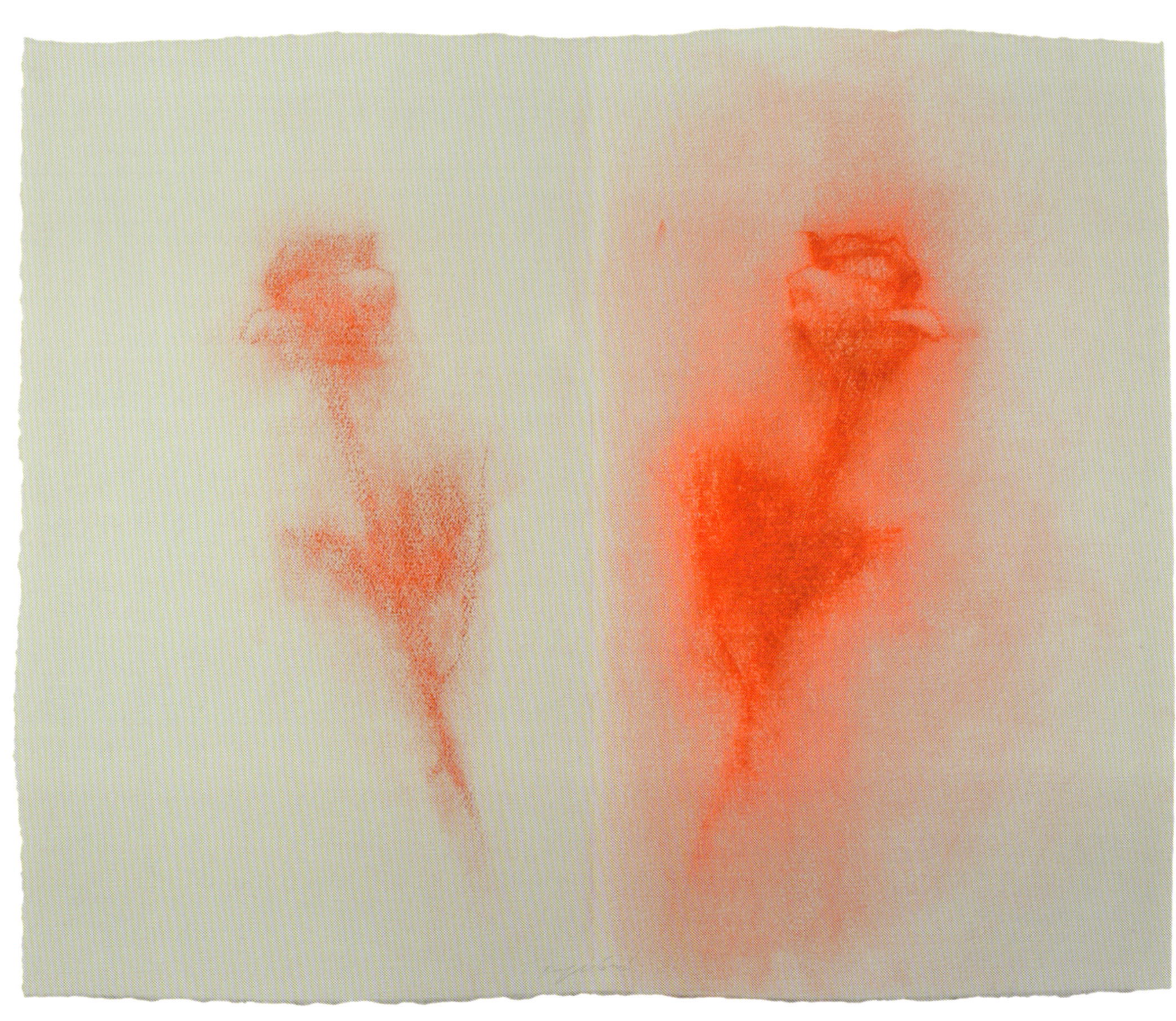

41 rose | 1999-2003

pastelli policromi su carta cm 60x80
pastels polycromy on paper cm 60x80

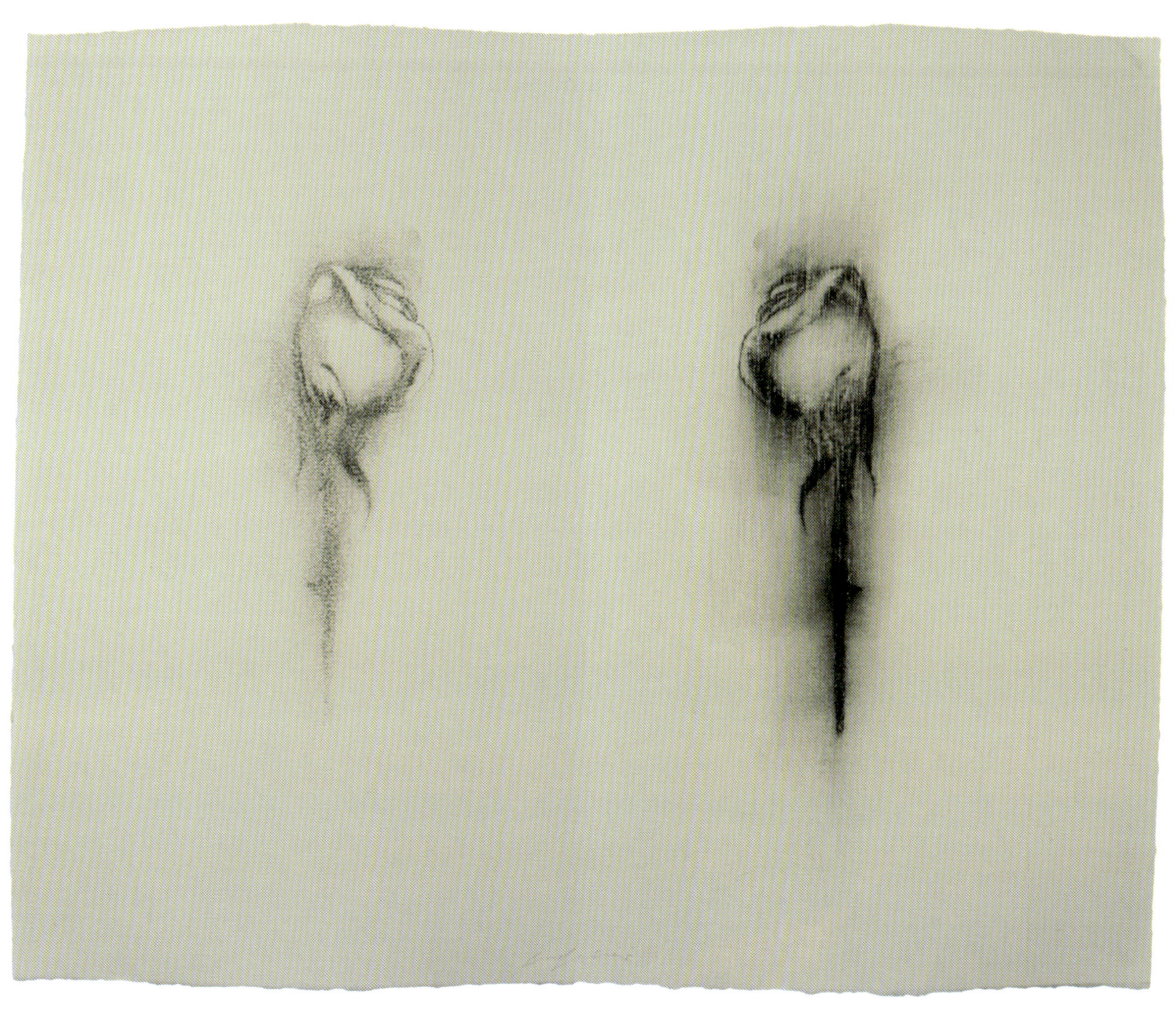

41 rose | 1999-2003

pastelli policromi su carta cm 60x80
pastels polycromy on paper cm 60x80

41 rose | 1999-2003

matita su tavola cm 301x185
pencil on board cm 301x185

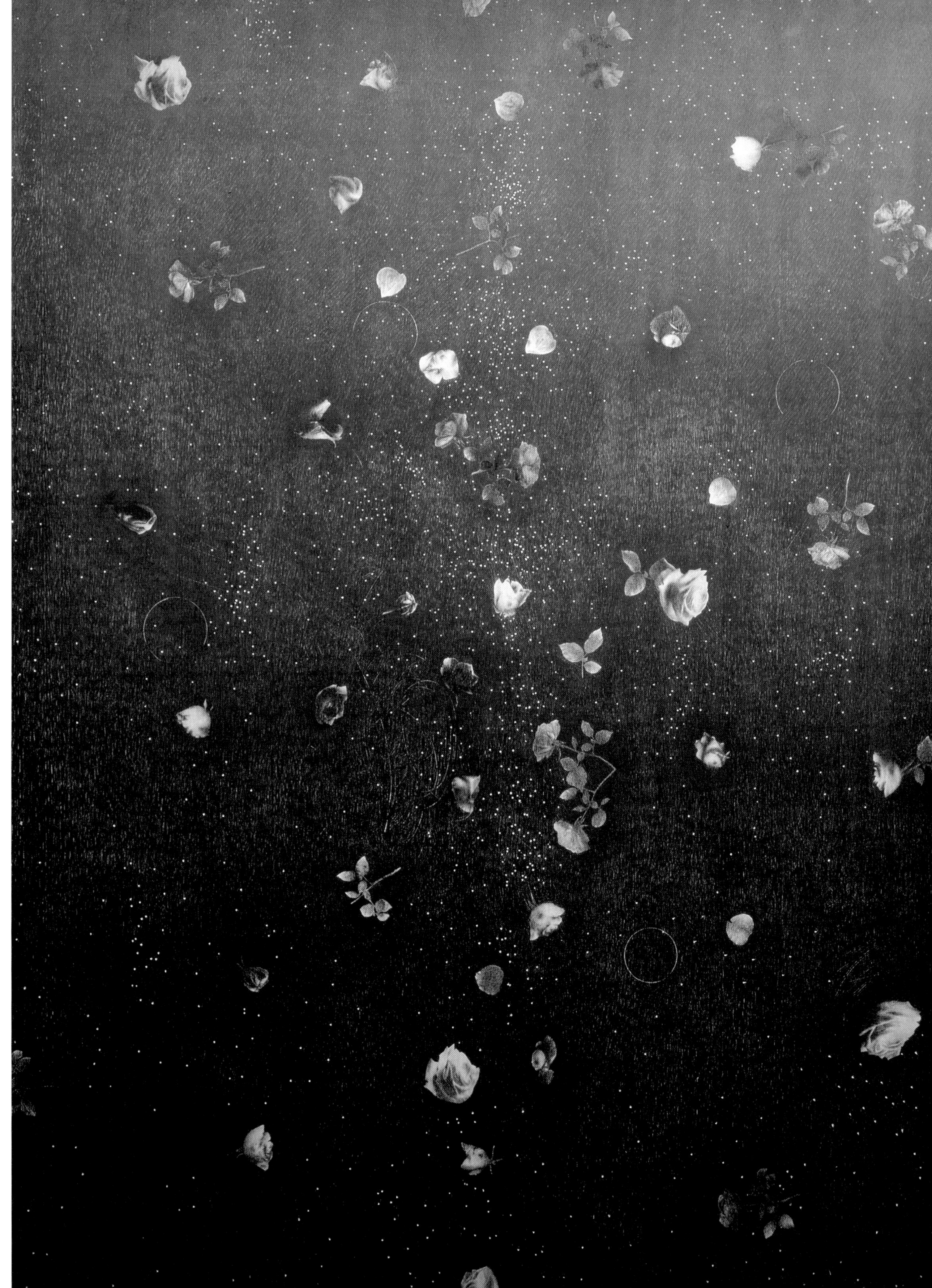

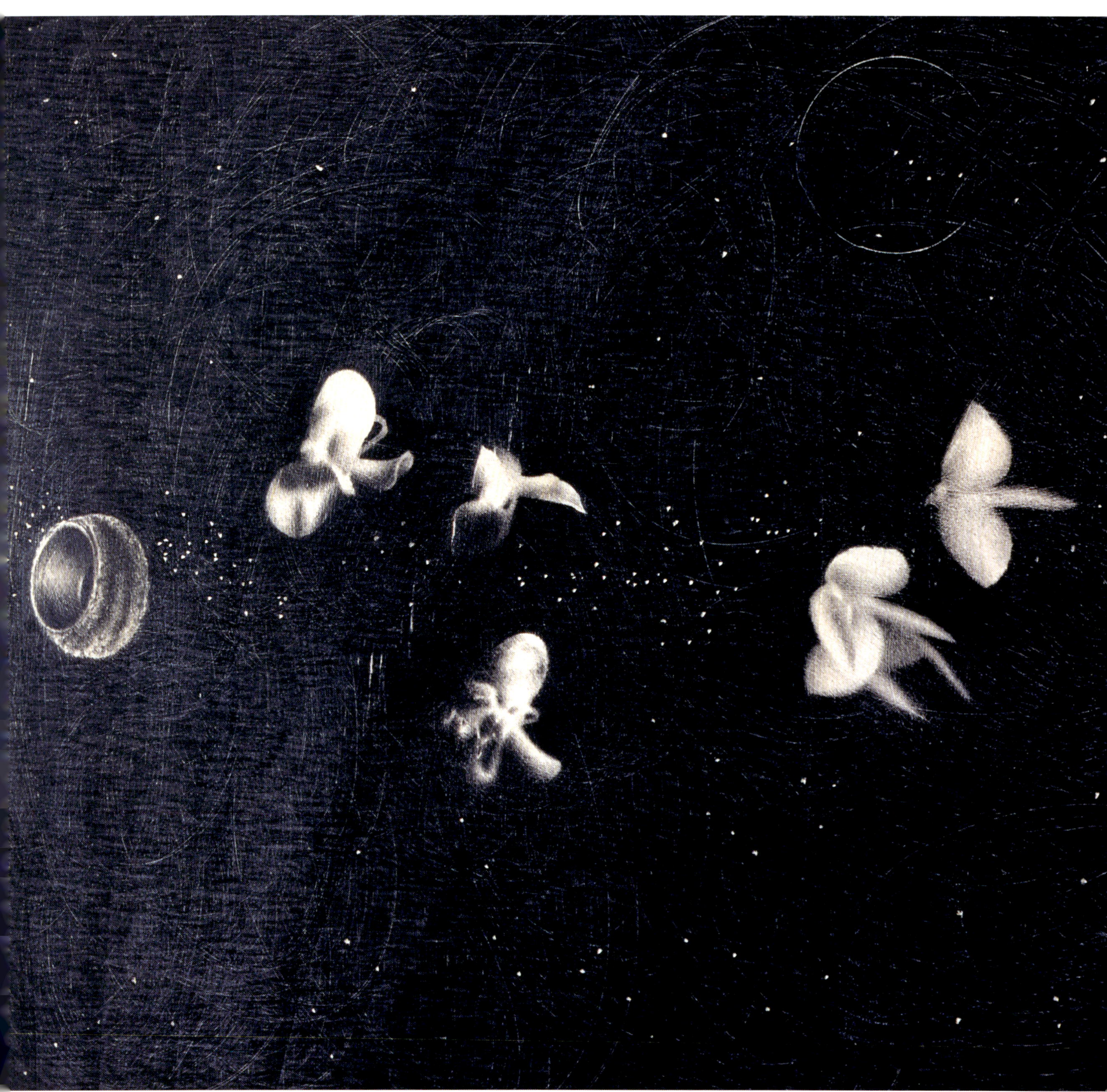

41 rose | 1999-2003

matita su tavola cm 85x180
pencil on board cm 85x180

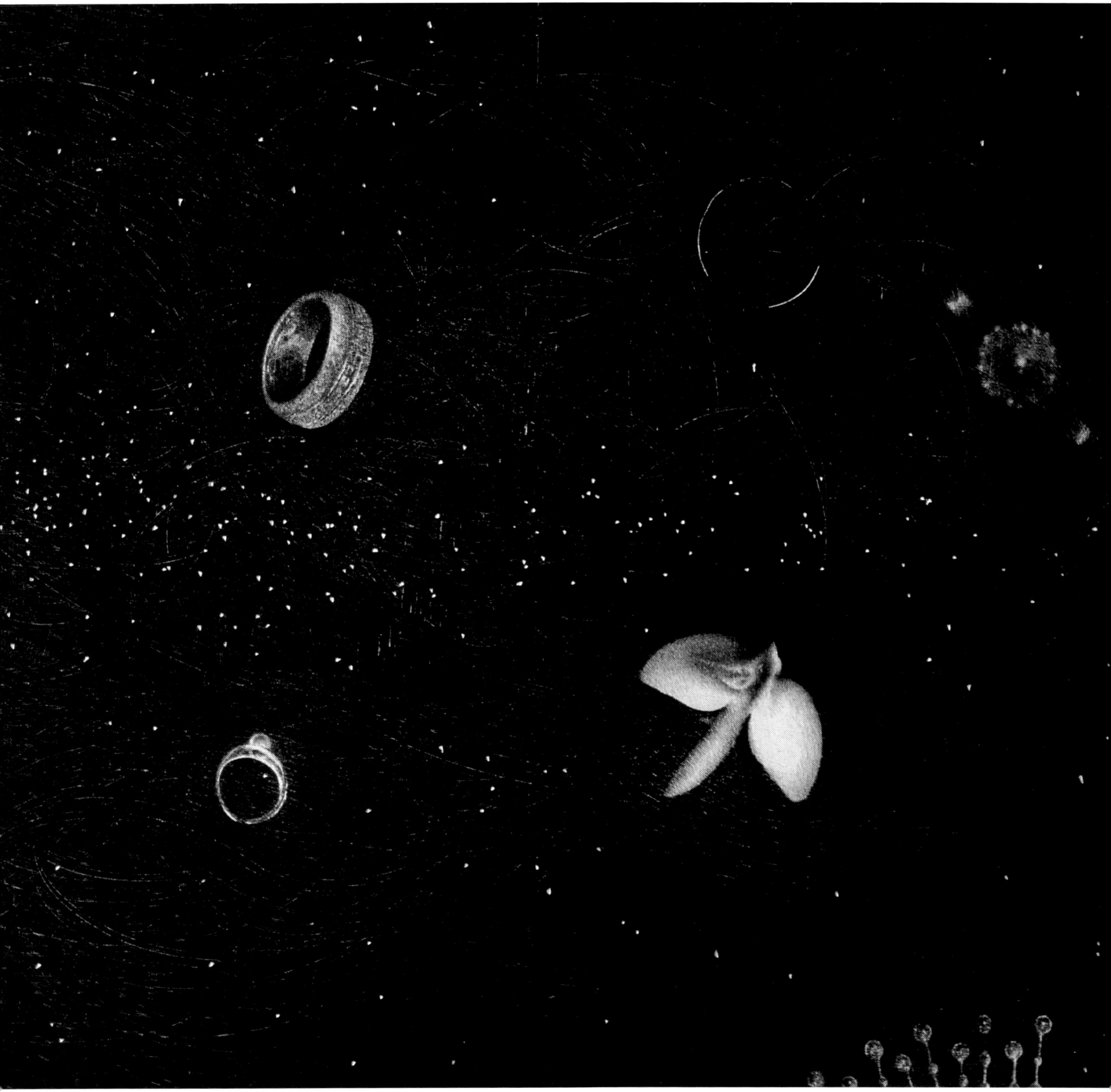

IN THE NAME OF DRAWING

I'm thinking of an overall design,
a design for the world
a formidable design
a design so heroic
a design so epic
a design un-achieved
a design unseen
an ethical design
an infinite design
a maternal design
an egoistic design
a solitary design
a narcissistic design
a sidetracking design
an arrogant design
a delirious design
an exciting design
a dazzling design
a praying design
an outrageous design
a hair-raising design
a penitent design
an all-conquering design
a comforting design
the absolute design
a luxurious design
a bitter design
a repulsive design

Omar Galliani, Paris 1999

IN NOME DEL DISEGNO

Io penso a un disegno totale,
penso a un disegno del mondo,
penso a un disegno formidabile,
penso a un disegno eroico,
penso a un disegno epico,
penso a un disegno mai riuscito,
penso a un disegno mai visto,
penso a un disegno etico,
penso a un disegno infinito,
penso a un disegno materno,
penso a un disegno egoistico,
penso a un disegno solitario,
penso a un disegno narcisistico,
penso a un disegno depistante,
penso a un disegno arrogante,
penso a un disegno delirante,
penso a un disegno eccitante,
penso a un disegno sfolgorante,
penso a un disegno orante,
penso a un disegno flagrante,
penso a un disegno agghiacciante,
penso a un disegno penitente,
penso a un disegno demiurgico,
penso a un disegno consolante,
penso a un disegno assoluto,
penso a un disegno lussureggiante,
penso a un disegno amaro,
penso a un disegno ripugnante

Omar Galliani, Parigi 1999

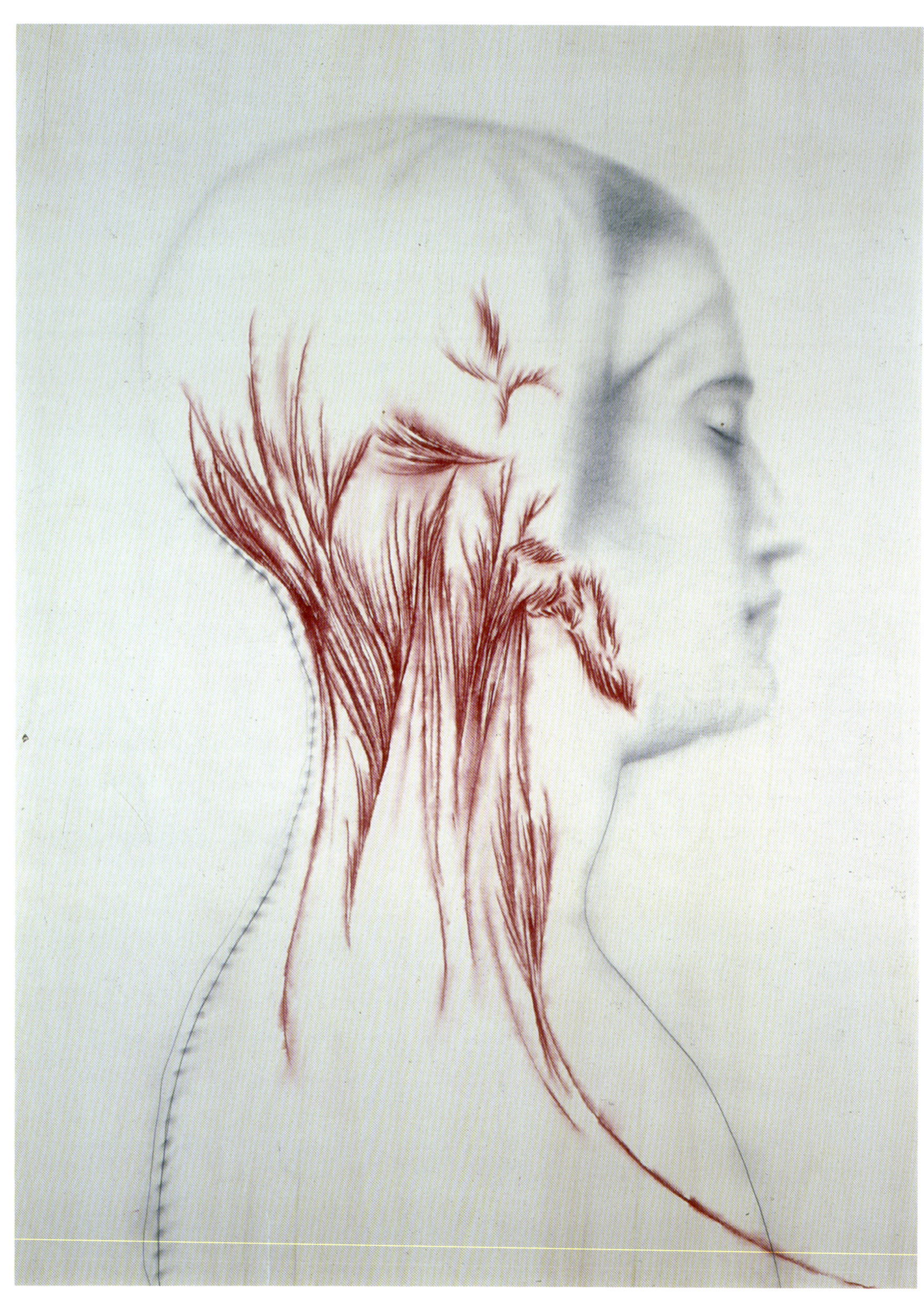

nuove anatomie | 2001

matita su tavola + pastello cm 251x185

pencil on board + pastel cm 251x185

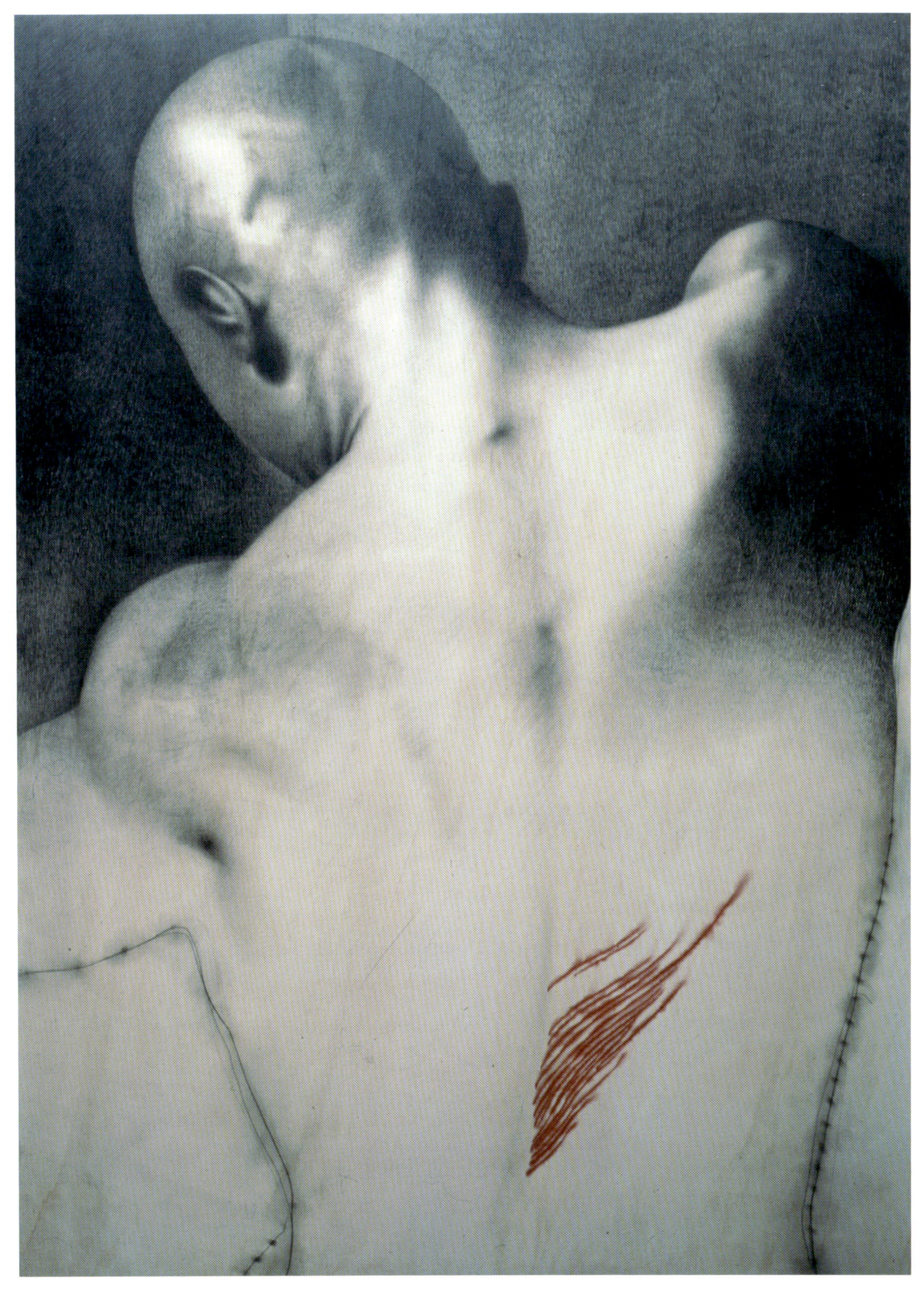

nuove anatomie | 2001

matita su tavola + pastello cm 251x185
pencil on board + pastel cm 251x185

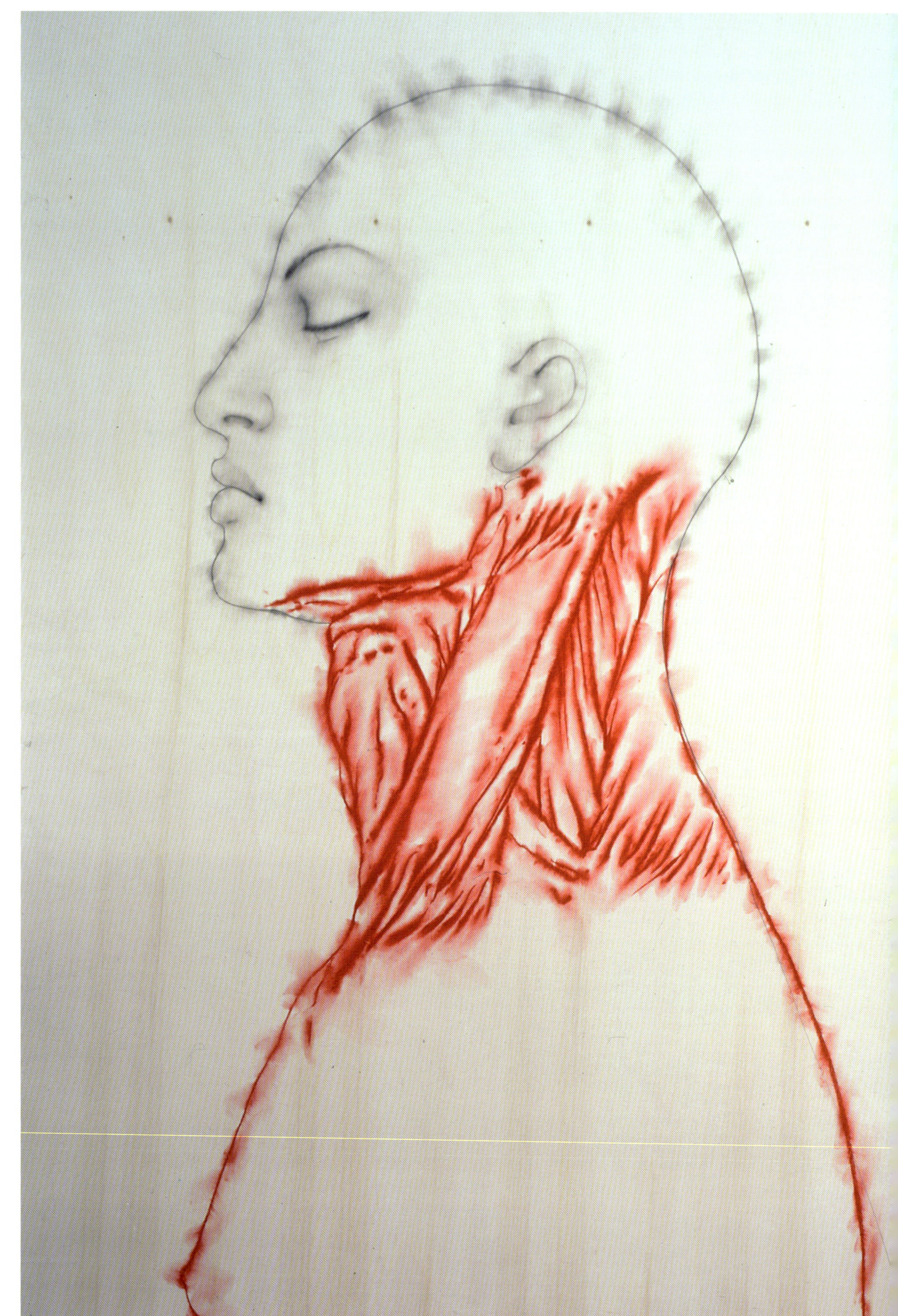

nuove anatomie | 2001

matita su tavola + pastello
dittico cm 251x370
pencil on board + pastel
diptych cm 251x370

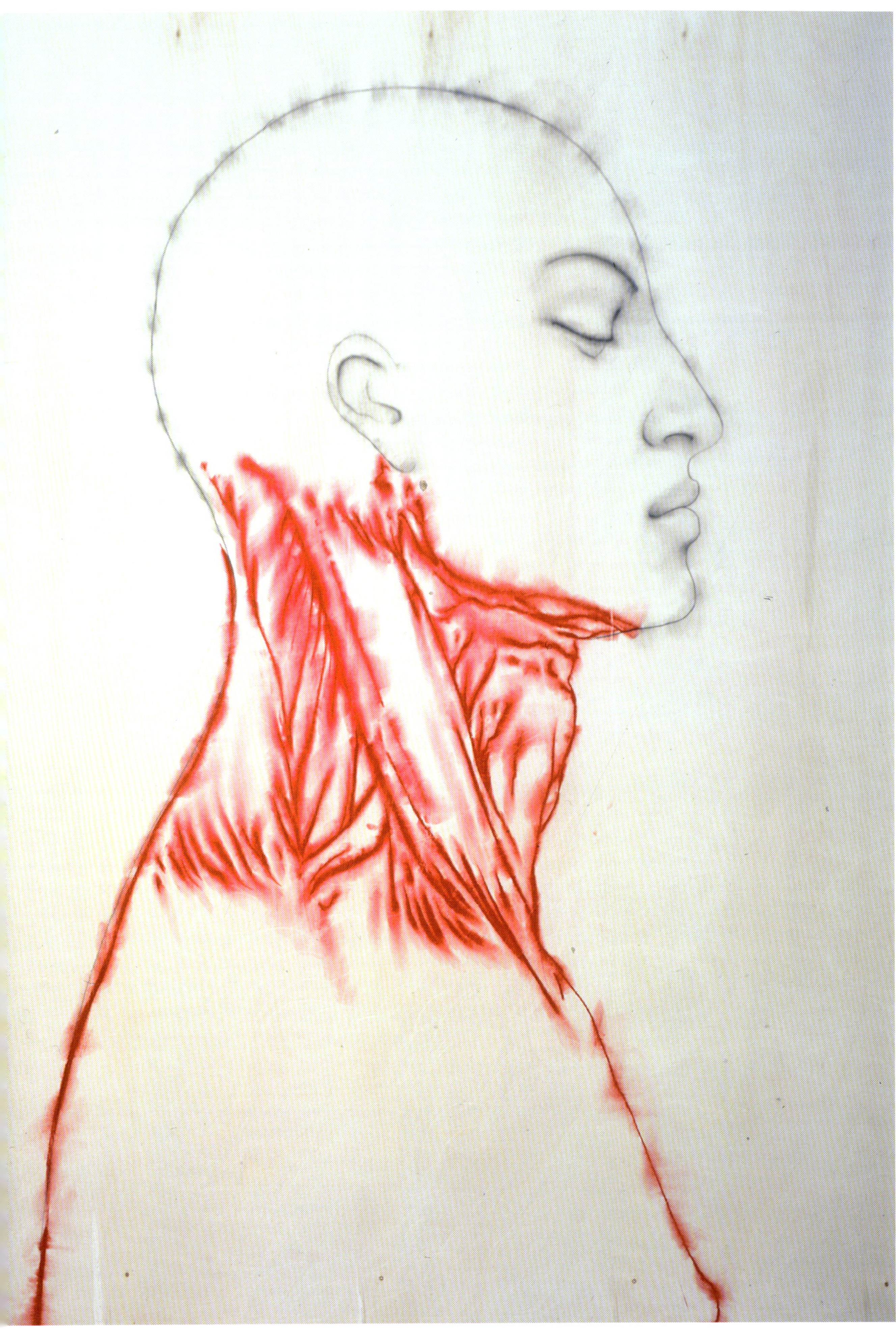

nuove anatomie | 2006

matita su tavola + inchiostro cm 202x122,5
pencil on board + ink cm 202x122,5

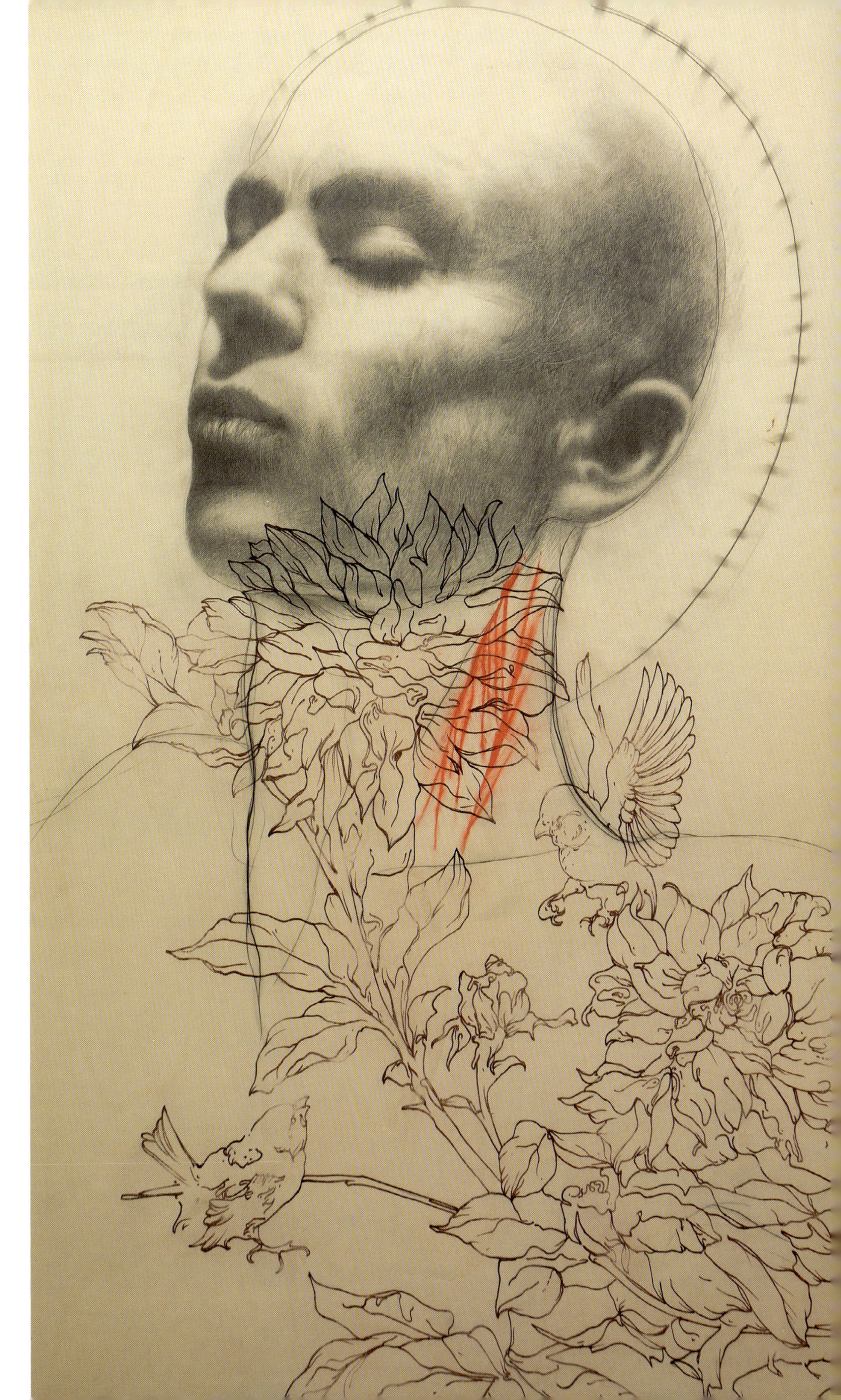

A FACE AND THE DESIGNS OF FATE

The great art historian Aby Warburg believed that "the arts and the psyche at their most basic levels primarily spoke the language of memory", communicating the symbolic but also the concrete meaning of Mnemosyne, through the use of images alone, presupposing an autonomous perception, that was of value of itself. In this way Warburg recovered a form of communication that had been lost once the concept of soul thought had been forgotten, and he was able to do so by turning to a Renaissance model in which, thanks to the influence of Neoplatonic philosophy, the soul and not man had acquired a central role. The Renaissance acknowledged the right of the imagination to stake out it's own space, and consequently James Hillman believed this to be a psychological world on which one could draw: " If we want imagination to retrieve its full significance, we require a kind of large room that might function as a "realistic" container". To recover a similar way of communicating is not achieved simply by revisiting once more some semblance of a lost language, an entire universe must be reintegrated, a cosmological horizon; that intermediate region between the body and the spirit in which the soul resides, where, thanks to the imagination, the human and the divine are allowed to meet and one is provided with the opportunity of drawing closer to a cosmos that is once again conceived through its micro and macro cosmic interconnections.

This substantial selection of faces that Omar Galliani has collected together for this exhibition, speaks to us of the intricate connections between an indelible emotional power and an iconographic formula, which together set up a continuum that reveals an uninterrupted landscape between emotion, its graphic expression and the act of profound thought. Naturally for Galliani the face is a symbol and a metaphor that draws us towards the unknown, the enigma and presupposes ties with obscure or "magical-concatenating" meanings. The image therefore retrieves its status as a *daimon:* the icons are once more "daimonic", and consequently mediators, and no longer demonical. The face is therefore where a "face to face" encounter can take place, the manifestation of a relationship, as Levinas puts it, with the entity that "pre-exists the revelation of the being in general, as the basis for awareness and the meaning of existence". The world can be seen in a face: the face opens out onto the knowledge of the world. But the world that thus becomes knowable is not comprised of a network of objects and things within the dominion of technology, it is conversely a face that "stands as the thinnest of screens, transparent in both directions: in the direction of the spirit and of the material world". Looking at these young women (and one can safely say that in Galliani a tribute is always paid to the feminine essence), and recently even in a few young males, it's not the muscular movements of their faces we are seeing, its the mutations and the impulses of the mind itself. These expressions often transcend words, because they precede them. We have all experienced gazes out of which indescribable messages seemed to rise to the surface. Only painters, writers and psychologists have known how to analyse these codes, discovering the meta-languages, those even more complex ones related to the eye, and the mysteries of crying, laughing, of an intense gaze. These faces we meet - finely etched in pencil on poplar boards the colour of whitish skin - are either explicit or sibylline and can be read as character treasure maps, full of invisible and changing lines that severely test anyone attempting to decode them, even though we are now aware of their physiognomy.

There is no doubt that the search for the subject becomes the search for oneself. The secret of the truth of a face, a truth that hardly anyone knows, lies in that miniscule expression that flashes onto the face for brief instants and that one would rather hide. In Galliani's case the intention is to express, with his extremely chiaroscuro technique or lightweight tracing, the primary essence of every thing, and thus add dynamics to the shapes by supporting them with the harmony of the stroke and the content, even though they may appear obscure and impenetrable. With an unflagging loyalty to the Neoplatonic Warburg principle of noting the moods, the eye and sensual mouth movements of his figures, the artist almost never relinquishes this principle even when he draws near to a wilfully exasperated form of portraiture. Consequently the physical appearance of the somatic features is not conceived as just an expression of the soul, but as a visualisation of the anxiety and anguish, that reside today among the more sensitive youngsters, or are to be found within the suffering of creativity, in obvious symbiosis with the romantic tradition, expressed by the interior malaise translated into the physical dimension. The current liveliness and coherence of Galliani's work is also ascribable to the decision to take as inspiration and into "consideration" the immanence of the images published in newspapers, magazines of all kinds, advertising, leaving behind the repository of the Museum, in order to choose photos that may clearly condense the actions and attitudes of people who have reached the sad limelight of the glossy magazines, thus making real experiences readily available on the surface of the panels, the daily display of bodies that resist the effort of being, and recognise the smells of the here and now. As images of Galliani's current artistic production one can also take into consideration the "New Saints" series (2005 - 2006), works with which the author suggests his own creative point of view on women of our time, or more precisely on that creature who so often, too often, women aspire to be, slim, androgynous, aggressive, always stereotyped in attitude and dressed in black, like the top models that stare back out at us everyday from the newspapers.

These women here parade their radical, theatrically flaunted, inability to adapt to normality, to the transformation of the Self, to seek a true individual autonomy, that insinuates in them the subtle symptoms of a neurotic, mental suffering, that encloses them in a world of shadow. In these symptoms - emphasized by the presence of swords, daggers, pointed objects even decorated with flowers - we perceive the doleful ethics of these sick subjects, who speak to us of themselves, but also of us, who are in our turn perpetrators of and responsible for these forms of modern existence. Every image clearly expresses an overindulgence in the death wish that over the last decades, imbued with unrestrained and glittering consumerism, seems to have taken unforeseen avenues to perform its massacres, not just the usual Saturday nights. These faces fully express the vague and anguished awareness of an ailment whose obscurity and resort to unknown defensive strategies go hand in hand with the impossibility to grasp the real sense of their most vital impulses: they represent a permeable membrane between within and without, the representation of a feeling of anguish that is not confined exclusively within the body. The result is that we gain full awareness of the fact that our very nature in the present is that we are "borderline" beings. Galliani uses his extraordinary manual dexterity to instil in his "subjects" a psychic state by which they can directly experience their own nature, in an attempt to achieve a state of fluidity, in order to go beyond and into a future in which nothing can claim to be either eternally stationary or desperately fossilized. The narratives connected with these characters open up vast horizons for thought and exploration of the male and female psyche, with particular emphasis being placed on the central process of the experience of the *void* that takes on a vital and creative significance, in that it is an indispensable condition in order to be able to express the most authentic part on ones Self. The spectator is therefore transformed into an accomplice travelling the same route, along which the emotions can become very pliable and lightweight expressions, that project and absorb the intricate play of feelings. All this in no way stunts the ability of these "figures" to express their sensuality as one of the most important pleasures of life, thus living it as a very profound experience, as a path of introspection and enlightenment.

When we look at the series of works collected under the title "Nuove anatomie" ("New anatomies") (pencil and red (or blue) pigment on board, 2003 - 2006), the continuation and prequel to other "anatomies", that we have already encountered, we realise that in these figures there is a further stage of metamorphosis, that doesn't so much arise out of the merging of one figure into another, but more out of the resonance of one figure with the next, and by the appearance on the character's skin of both natural and even anatomical elements, drawn with the lightest and most billowing touch, as well as symbolic and extremely significant figures such as fire branded dragons, or pointed arrows, vivid indications of a profound inner transformation, received by the skin, the largest and most sensitive human organ connected to the brain by embryo cells, on which livid and bloody signs appear, signs of the sickness that is perhaps buried inside our psyche, yet metaphorically manifests itself on our epidermis. There is no doubt however that the most novel part of this collection of works is to be found among a series of very up-todate male and female portraits, with a strong tonal aspect, depicted using oil on canvas. These are effectively works that bear proof of Galliani's descent into the deep abyss of painting for the purpose of seizing certain ancient fragments of meterial to be made to float back up into the chaos of the present, allegoric representations of a constant metamorphosis, caught by surprise in the inscrutable crevices of existence, fragments through which he can allow himself to be completely caught up in the folds of the enigma. These faces are enveloped in shadow, that trigger in us instinctual reactions, yet they nevertheless embody a dialectic between the known and the unknown, they are energy that assails us to let us know when life and nature must coexist. Galliani tells us that we can all acquire herbacious or floral feelers, that can tune in to our relationships with the world. They embody a shifting conscience, that is nevetheless ready to catch the profoundest significance of nature, and has the talent to adapt to the most transient and changing aspects of reality, perhaps by assuming the identity of an "alien intelligence". In short the artist, in so much of his work (almost always tied in with the symbolic, with the immaterial soul, a rite of initiation towards an esoteric awareness), tries to find a way of living in shadow, a shadow perceived as a "reality" with a lower status, that the affectionate virtuosism of the tender paintbrush imbues with power and relevance.

The artist feels the need to set the soft volumes of the heads in cosmogonic spaces, and he therefore places them full frontal before us who look on, only to have them recede away into the infinite beyond. Light and shadow, in the moment of passage between one and the other, become the substance of the chromatic matter. D'Annunzio would romantically speak of reality that "is revealed in a stroke", that draws near in the *shock* of a moment, with "a violently impetuous force". But it is not only the external reality that suddenly rips through our existential and cognitive habits, we are in fact made aware of the "fermentations of the human soul" that continuously cross the *threshold* open between itself and the real world. This is Galliani delving into his mnemonic repository and extracting these naturalistic floral inscriptions, inspired by his current involvement with Chinese art and the many creations that refer to this art, and with the sharpened point of a pencil penetrates the yielding skin of painting, branding it fiercely and leaving in his wake new tattoos connected to these motifs, that involve both the inner and outer flesh of the faces. Modern man would like to get back to some form of dialogue, or better still communion, with the harmonious rhythms and tempos of a nature that inhabits the skies of our wishes, but it must first break the vicious circles that envelop the individual that lives in the West.

The tattoos that like a lightweight lace cover the faces that inhabit these works are, after all, systems of rituals through which one may find oneself once more, signs designed to transform the perception of Self from passive into active. They are a way of redefining the confines of the body, a new form of *body art* that doesn't hide the pangs and troubles of the psyche, that these days is controlled or even coerced in so many ways. Surely in our society the idea of a the body as an inviolable entity is definitely on the wane, in favour of its continuous, almost pathological manipulation. But while the sufferings of the flesh, the ritual suffering of the shaman or the Saints of old, put them into communication with "another world", the rituals of today do not reveal another reality other than the world within us, or perhaps beneath our skin. These faces enveloped in a metaphorical web of tattoos, would after all would seem to represent the closing of a circle, the successful conclusion of a story that we have attempted to follow from the outset, but which still requires a few additional considerations. These images reiterate that the yarn of fate is spun where life takes shape, but the true demiurge of the existential design in this instance is the soul of man. Fate is traditionally situated in some nether regions: beyond the gods, independent of the course of the stars, as mysterious as the patterns of chance, unknowable as the logic of destiny. The mysterious location of fate is therefore no longer the place beyond life, but the place beyond conscience, it is no longer the nether world, but the nether conscience: it is the vast land that stretches beyond consciousness and that yet still belongs to the immensities of the psyche, which is not totally unrelated to the well-defined space of the cutaneous surface. If we were capable of propelling our gaze into the obscure depths in which fatal occurrences are prepared, many apparently absurd events would make sense. Getting to know the profoundest aspects of reality is still the key to finding a path towards the future, but we should learn to recognise that our own identity, despite being connected to our body, is nevertheless also connected to something deeper and less investigated. The philosopher Mario Perniola tells us that the nature of thought and art "is based not so much on their distance from the real world, but to the contrary on the fact that the nature of reality itself is enigmatic, and that consequently these two disciplines can rightly claim to have a role to play in the world of today".

Marisa Vescovo

UN VOLTO E I DISEGNI DEL FATO

Il grande storico dell'arte Aby Warburg pensava che le "arti e la psiche, ai loro livelli primari, parlavano innanzitutto il linguaggio della memoria", comunicando il senso, non solo simbolico, di Mnemosyne, attraverso l'uso delle sole immagini, presupponendo una percezione autonoma, avente valore in sé. Warburg ha recuperato, per questa via, una forma di comunicazione che si era persa con la dimenticanza del pensiero dell'anima, e ha potuto farlo perché si è rivolto ad un modello rinascimentale, in cui, per l'influenza della filosofia neoplatonica, l'anima, e non l'uomo, ha acquisito un ruolo centrale. Il Rinascimento ha riconosciuto il diritto dell'immaginazione ad un proprio spazio, e pertanto James Hillman considera tutto questo un mondo psicologico a cui rifarsi: "Se vogliamo restituire all'immaginazione il suo pieno significato, abbiamo bisogno di una specie di enorme stanza che funzioni da "realistico contenitore". Ritrovare un tale modo di comunicare significa incontrare di nuovo non solo una forma di linguaggio perduto, ma un intero universo, un orizzonte cosmologico: quella zona intermedia tra corpo e spirito in cui dimora l'anima, che per il tramite dell'immaginale congiunge l'umano al divino, ci si avvicina quindi a un cosmo che torna ad essere pensato nelle sue micro-macrocosmiche interconnessioni.

Questo nutrito gruppo di volti che Omar Galliani ha raccolto per questa mostra, ci parla dell'intreccio di una indissolubile carica emotiva e di una formula iconografica, le quali insieme creano un *continuum* rivelante un passaggio ininterrotto tra l'emozione, la sua espressione grafica e l'atto della riflessione. Naturalmente per Galliani il volto è simbolo e metafora che conduce all'ignoto, all'enigma, e presuppone legami con significati oscuri, o "magico-concatenanti". L'immagine ritrova così il proprio statuto di *daimon*: le icone tornano ad essere "daimoniche", quindi mediatrici, e non più demoniache. Il volto è dunque il momento di un "faccia a faccia", di una relazione, come dice Levinas, con l'ente che " preesiste allo svelamento dell'essere in generale, come base della conoscenza e come senso dell'essere". Il mondo è visibile in un volto: il volto apre alla conoscenza del mondo. Ma il mondo che così diventa conoscibile non consiste in una rete di oggetti e di cose all'interno del dominio della tecnica, è invece un volto che "si offre come un paravento sottilissimo, trasparente in tutti e due i sensi: verso lo spirito e verso la materia". Guardando queste giovani donne (e si può dire che in Galliani c'è sempre un omaggio al femminile), e ora anche alcuni giovani maschi, abbiamo la sensazione di non vedere i movimenti muscolari delle loro facce, ma i mutamenti e gli impulsi della mente stessa. Queste espressioni spesso trascendono le parole, poiché le precedono. Tutti abbiamo visto sguardi in cui affiorano messaggi indescrivibili. Sono solo i pittori, i letterati, gli psicologi, che hanno saputo analizzare questi codici, scoprendo anche i paralinguaggi, quelli ancora più complessi relativi all'occhio, e i misteri del pianto, del riso, di uno sguardo intenso. Le facce che troviamo-finemente disegnate a matita sulle tavole di pioppo color di una pelle albula-sono talvolta esplicite, talvolta sibilline, e diventano una mappa del tesoro del carattere, piene di linee invisibili e mutevoli, che fanno dannare chi le decodifica, anche se ora conosciamo la fisiognomica.

Non c'è dubbio che la ricerca del soggetto diviene ricerca di se stessi. Il segreto della verità di un viso, verità che non conosce quasi nessuno, è la microespressione che balena sul volto per pochi istanti e che si vorrebbe invece nascondere. Nel caso di Galliani c'è la volontà di esprimere, col disegno fortemente chiaroscurato o appena tracciato, l'essenza prima di ogni cosa, quindi dinamizzare le forme sorreggendole con l'armonia del tratto e del contenuto, anche quando esse possono apparire oscure e imperscrutabili. Con instancabile fedeltà al principio neoplatonico warburghiano di annotare gli stati d'animo, i movimenti degli occhi, e delle bocche sensuali delle figure, l'artista non abbandona quasi mai questo principio anche quando si avvicina a una ritrattistica volutamente esasperata. Quindi l'aspetto fisico dei tratti somatici non è inteso solo come espressione dell'anima, ma come visualizzazione dell'ansia e dell'angoscia, che oggi vivono in mezzo ai giovani più sensibili, oppure stanno dentro la sofferenza della creatività, in evidente consonanza con la tradizione romantica, espressa dal malessere interiore traslato sul fisico. L'attuale vivacità e coerenza del lavoro di Galliani nasce anche dalla decisione di trarre spunti e di "considerare" l'immanenza delle immagini pubblicate da giornali, riviste di ogni genere, pubblicità, lasciando da parte il serbatoio del Museo, per scegliere foto che condensano in modo chiaro azioni e atteggiamenti di persone arrivate alle tristi ribalte della carta patinata, rendendo perciò disponibili sulla superficie delle tavole esperienze vissute, il quotidiano porsi di corpi che resistono alla fatica di esserci, e riconoscono gli odori del qui e ora. Le immagini del presente artistico di Galliani si possono considerare pure nella serie dei "Nuovi Santi" (2005-2006), opere con le quali l'artista propone il suo punto di vista creativo sulla donna del nostro tempo, o meglio quella creatura che molte, troppe, donne vorrebbero essere, filiforme, androgina, aggressiva, sempre atteggiata in modo stereotipato, e vestita di nero, come le top-model che troviamo tutti i giorni sui giornali.

Queste donne portano ora in scena un loro radicale, teatralmente ostentato, non adattamento alla normalità, alla trasformazione del Sé, alla ricerca di una reale autonomia, che le conduce verso il sintomo sottile di una sofferenza nevrotica, mentale, che le chiude in un mondo di ombre. In questi sintomi-enfatizzati dalla presenza di spade, di coltelli, di oggetti appuntiti, magari ornati di fiori-si articola l'etica dolente di questi soggetti malati, che ci parlano di sé, ma anche di noi, a nostra volta autori e correi della modernità. In ogni immagine si esprime chiaramente quel godimento della pulsione di morte che, negli ultimi decenni, intrisi di consumismo smodato e luccicante, sembra aver imboccato itinerari inattesi per compiere le sue stragi, non solo il sabato sera. Questi volti esprimono pienamente il sentimento penoso e vago di un disturbo la cui oscurità, il ricorso a difese inconoscibili, si accompagna a una inafferrabilità del senso dei loro umori vitali: essi sono frontiera permeabile tra il dentro e il fuori, manifestazione di un sentimento di angoscia confinato non solo all'interno del corpo. Tutto questo ci rende certi che la nostra natura nel presente è di essere esseri di "frontiera". Galliani adopera la sua straordinaria abilità di mano per provocare nei suoi "soggetti" uno stato psichico attraverso il quale essi possano sperimentare la propria natura, cercando di ottenere uno stato di fluididità, di superamento, nella direzione del futuro, in cui non vi sia nulla di eternamente fisso e di disperatamente fossilizzato. Le storie di questi personaggi aprono un orizzonte di riflessioni e di esplorazioni nella psiche femminile e maschile, mettendo in evidenza il processo centrale dell'esperienza del *vuoto* che assume un significato vitale e creativo, in quanto è la condizione indispensabile per dare voce alla parte più autentica di sé. Lo spettatore viene così trasformato in complice di un itinerario, in cui le emozioni possono diventare espressioni duttili e leggere, che proiettano e assorbono la fitta trama dei sentimenti. Tutto questo non toglie che queste "figure" esprimano la sessualità come uno dei maggiori piaceri della vita, vivendola quindi come esperienza profonda, come percorso di conoscenza interiore, e di illuminazione.

Quando guardiamo la serie di opere "Nuove anatomie" (matite e pigmento rosso (talora blu) su tavola, 2003-2006), seguito e antefatto coerente di altre "anatomie", che abbiamo già incontrato, ci rendiamo conto che in queste figure c'è un'ulteriore forma di metamorfosi, che nasce non tanto dal passaggio di una figura nell'altra, quanto dalla risonanza della figura in un'altra, e dall'apparire sulla pelle dei personaggi, sia elementi di natura o addirittura anatomici, disegnati con mano leggera e vaporosa, sia figure simboliche e molto significanti come draghi incisi a fuoco, o frecce acuminate, segni vivi di una profonda trasformazione interiore, che lasciano sulla pelle, il più grande e sensibile degli organi umani collegati col cervello da cellule embrionali, le tracce vive e sanguigne di un male che forse sta sepolto nella nostra psiche, ma che appare metaforicamente sulla nostra epidermide. Non c'è dubbio però che la parte più nuova di questo gruppo di opere è rappresentata da una serie di attualissimi volti femminili e maschili dipinti, a forte temperatura tonale, con colori a olio su tela. Si tratta invero di lavori che testimoniano la discesa di Galliani nel profondo dell'abisso della pittura per catturare lacerti di materia da far affiorare nel caos del presente, allegorie di una metamorfosi incessante, sorpresi negli anfratti insondabili dell'esistente, per poi lasciarsi affascinare fino in fondo dalle pieghe dell'enigma. Sono volti avvolti d'ombra, che evocano da noi risposte istintuali, ma incarnano comunque una dialettica tra noto e ignoto, sono energia che ci assale per farci capire quando vita e natura devono coesistere. Galliani ci dice che ognuno di noi può possedere delle antenne ebacee o fiorili, che captano i rapporti col mondo, e incarnano una coscienza mobile, nondimeno aperta a un profondo senso della natura, col talento di adattarsi agli aspetti effimeri e mutevoli della realtà, assumendo magari le sembianze di una "intelligenza aliena". In definitiva l'artista, in tanta parte del suo lavoro (quasi sempre legato al simbolo, anima immateriale, processo iniziatico verso una conoscenza esoterica), cerca il modo di abitare l'ombra, intesa come "realtà" che possiede uno statuto inferiore, che il virtuosismo amorevole del pennello accarezzante, fa diventare potente e rivelante.

L'artista sente il bisogno di impostare i volumi morbidi delle teste in spazi cosmogonici, e quindi li pone frontalmente rispetto a noi che guardiamo, per poi allontanarli verso l'infinito. Luce e ombra, nel momento del trapasso dell'uno nell'altra, diventano sostanza della materia cromatica. D'Annunzio parlerebbe romanticamente della realtà che "si scopre d'un tratto", che si avvicina nello *choc* dell'istante, con "una forza di violenza impetuosa". Ma non è solo la realtà esterna che lacera d'improvviso le nostre consuetudini conoscitive e esistenziali, veniamo messi infatti di fronte alla percezione delle "fermentazioni dell'anima umana", che supera il *limen* continuamente aperto tra sé e il mondo. E' Galliani, che dalla sua attuale consuetudine con l'arte cinese, fa uscire dalla sua borsa mnemonica la scrittura naturalistica floreale, che trova in molti manufatti della tradizione della Cina, e con la punta acuminata di una matita penetra nella pelle cedevole della pittura, la marchia con forza lasciando dietro di sé nuovi tatuaggi legati a questi motivi, che coinvolgono sia dentro che fuori la carne dei volti. L'uomo d'oggi vorrebbe tornare a ritrovare un dialogo, o meglio una comunione, con i ritmi e i tempi armoniosi di una natura che abita i cieli del nostro desiderio, ma deve spezzare i circoli viziosi che avvolgono l'individuo che vive nell'Occidente.

I tatuaggi che ricoprono come un pizzo leggero i volti che abitano queste opere sono, in fondo, sistemi rituali di appropriazione di sé stessi, segni atti a trasformare la percezione di sé da passiva in attiva. Essi sono una forma di ridefinizione del confine del corpo, una nuova forma di *body art* che non nasconde tarli e disturbi della psiche, oggi controllata, anzi coatta, in mille modi. Sicuramente nella nostra società l'idea del corpo come confine inviolabile è definitivamente tramontata, a favore della sua continua manipolazione persino patologica. Ma mentre il dolore della carne, la sofferenza rituale degli sciamani, o degli antichi santi, li metteva in comunicazione con un "altro mondo", i rituali di oggi non ci rivelano a un'altra realtà, che non sia il mondo che c'è dentro di noi, o magari sotto la nostra pelle. Questi volti avvolti in una metaforica ragnatela di tatuaggi, in fondo chiudono il cerchio di una storia coerente che abbiamo cercato di seguire dall'inizio, ma che ci chiede ancora alcune riflessioni. Queste immagini ridicono che il fato viene tessuto là dove si forma la vita, ma il vero demiurgo del disegno esistenziale questa volta è l'anima dell'uomo. I luoghi del fato sono tipicamente collocati in qualche aldilà: al di là degli dei, indipendenti quanto il corso degli astri, misteriosi quanto l'andamento del caso, inconoscibili quanto la logica della sorte. L'altrove misterioso del fato non è dunque più l'aldilà della vita, ma l'aldilà della coscienza, non è più l'ultramondo, ma l'ultraconscio: è la vasta landa che si estende aldilà della coscienza e che tuttavia appartiene ancora all'immensità della psiche, la quale non è estranea allo spazio perimetrato dalla superficie cutanea. Se si riuscisse a gettare lo sguardo nelle profondità oscure in cui si preparano gli accadimenti fatali, molte cose apparentemente assurde si chiarirebbero. Conoscere la più profonda natura della realtà è ancora una volta la chiave per andare verso il futuro, ma noi dovremo imparare a riconoscere che la nostra identità, se pur è legata al corpo, cionondimeno essa è legata anche a qualcosa di più profondo e poco indagato. Il filosofo Mario Perniola ci ha detto che il carattere del pensiero e dell'arte "si fonda non già sulla loro lontananza dal mondo reale, ma proprio al contrario sul fatto che l'essenza della realtà è enigmatica, e quindi queste due discipline possono rivendicare una loro adeguatezza al mondo attuale".

Marisa Vescovo

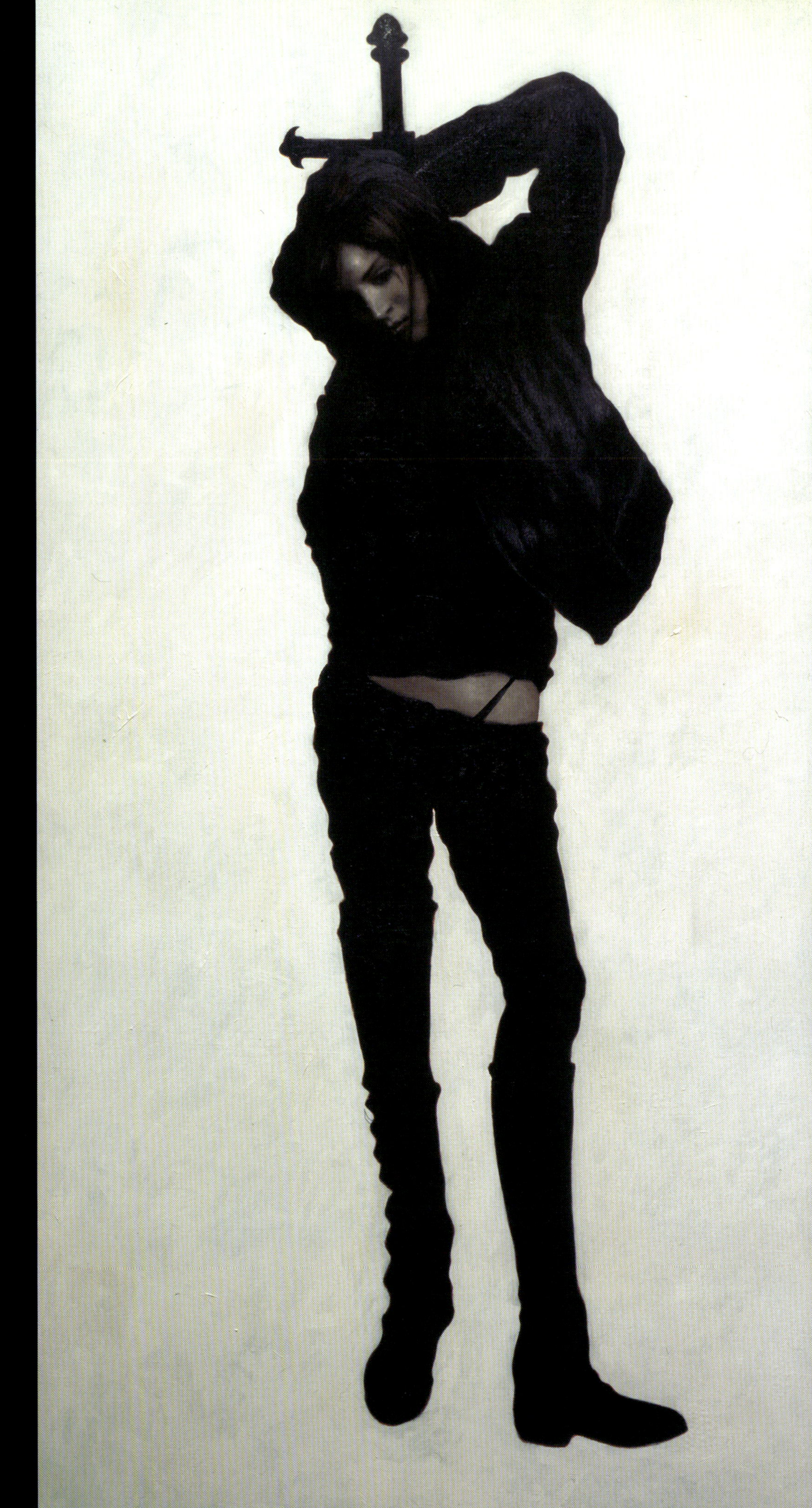

nuovi santi | 2004

olio su tela cm 250x180

oil on canvas cm 250x180

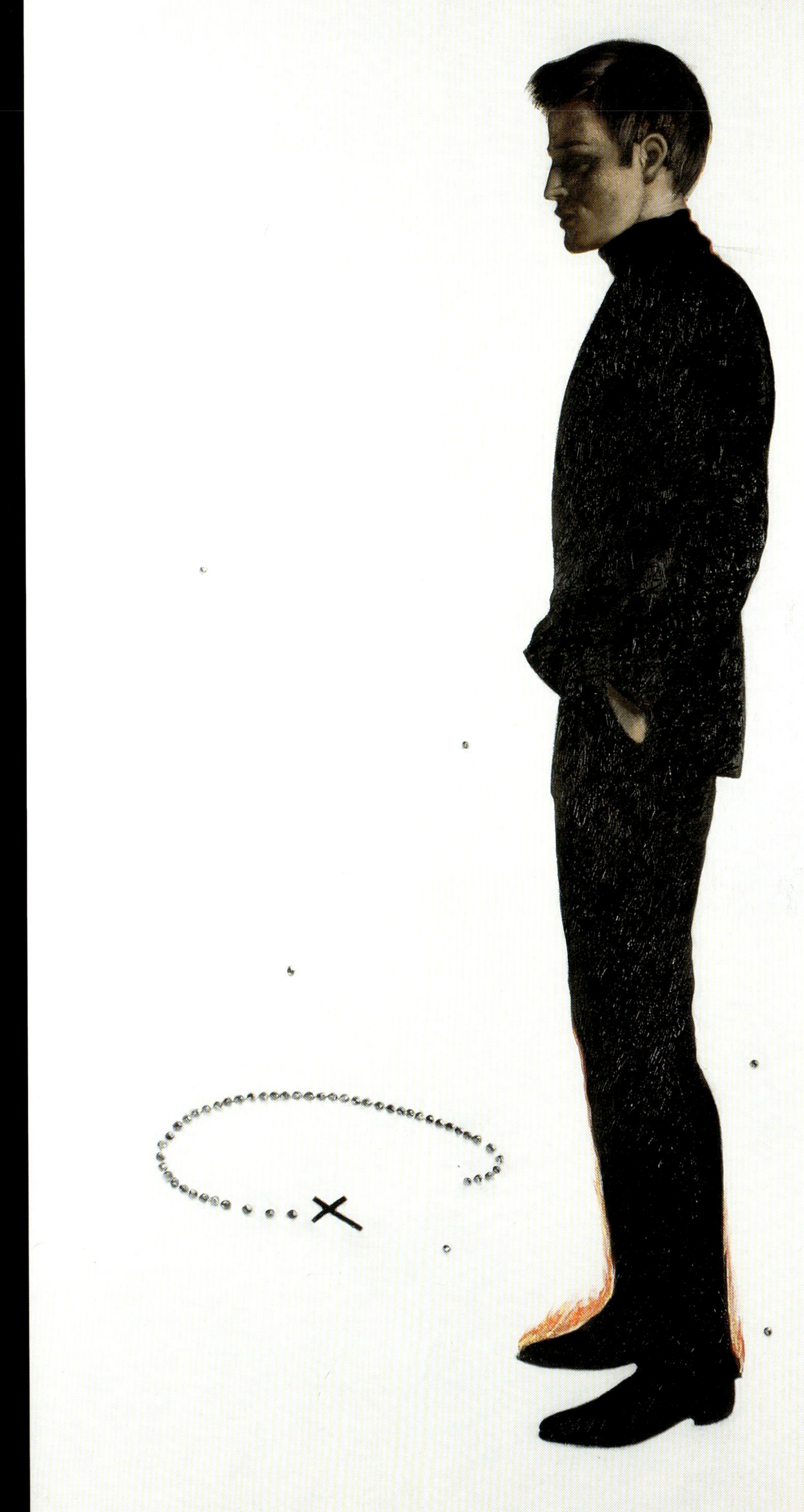

nuovi santi | 2004

olio su tela cm 250x180

oil on canvas cm 250x180

fiori insetti e santi | 2006

olio su tela + matita cm 50x50
oil on canvas + pencil cm 50x50

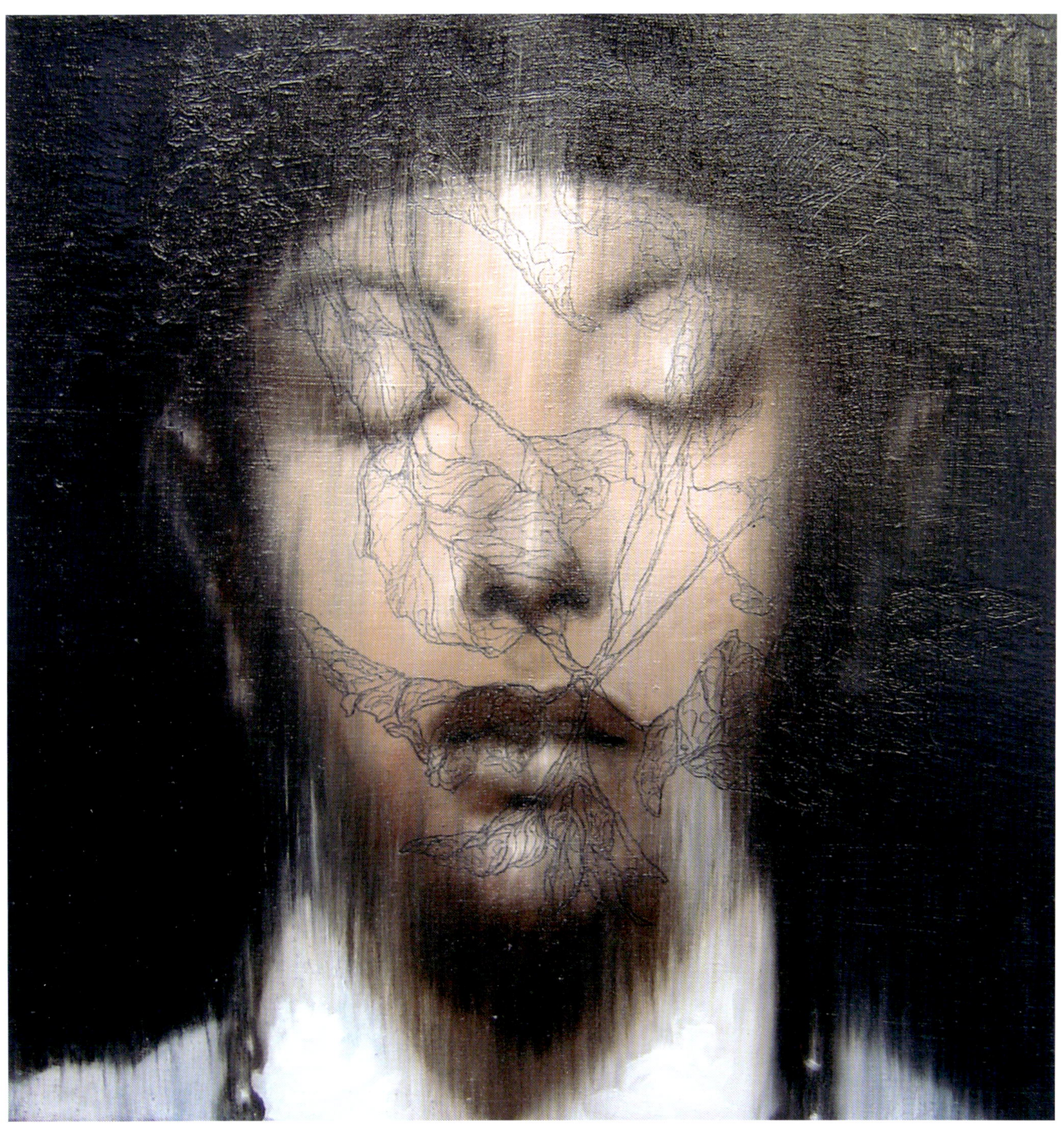

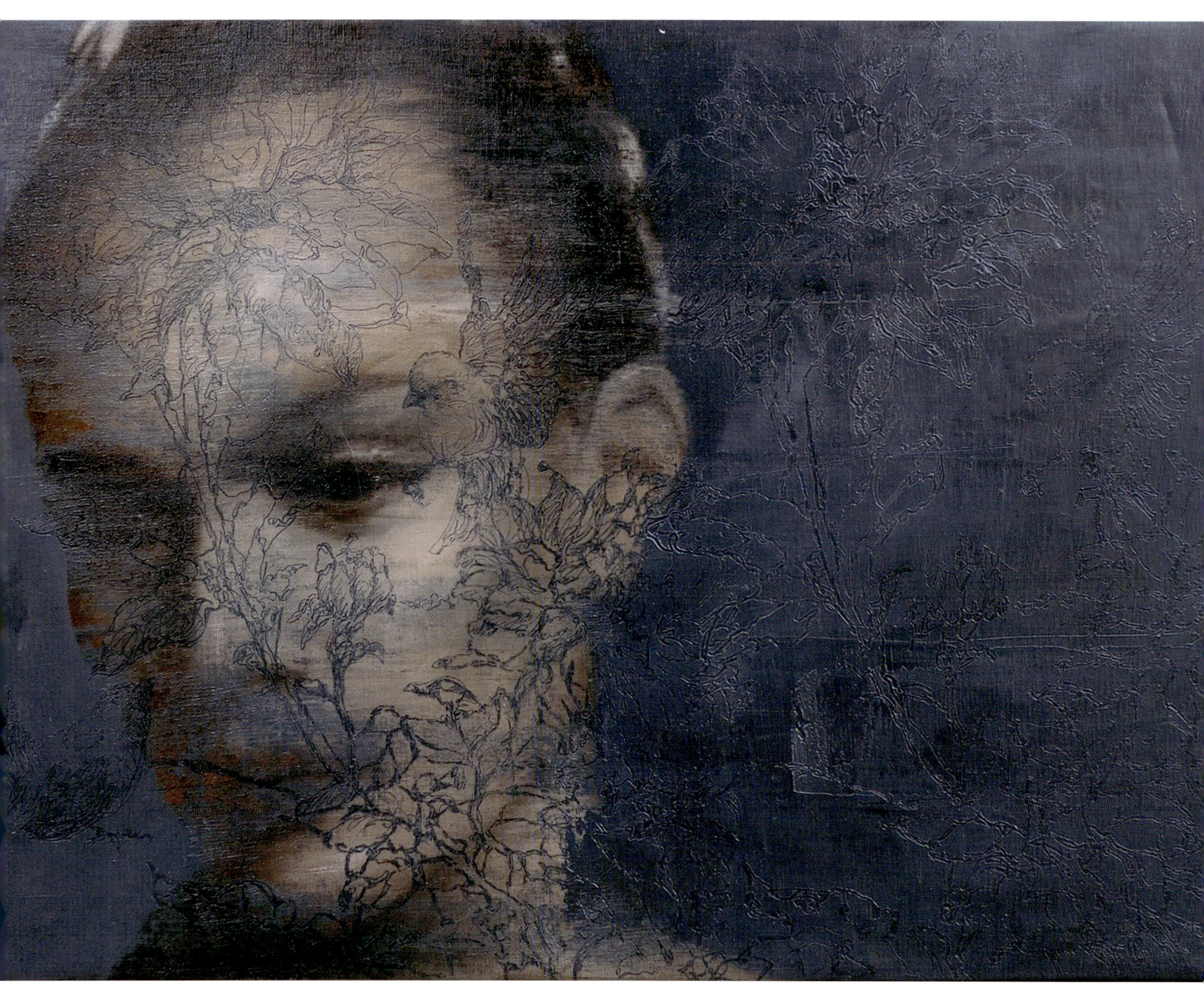

fiori insetti e santi | 2006

olio su tela + matita cm 50x70

oil on canvas + pencil cm 50x70

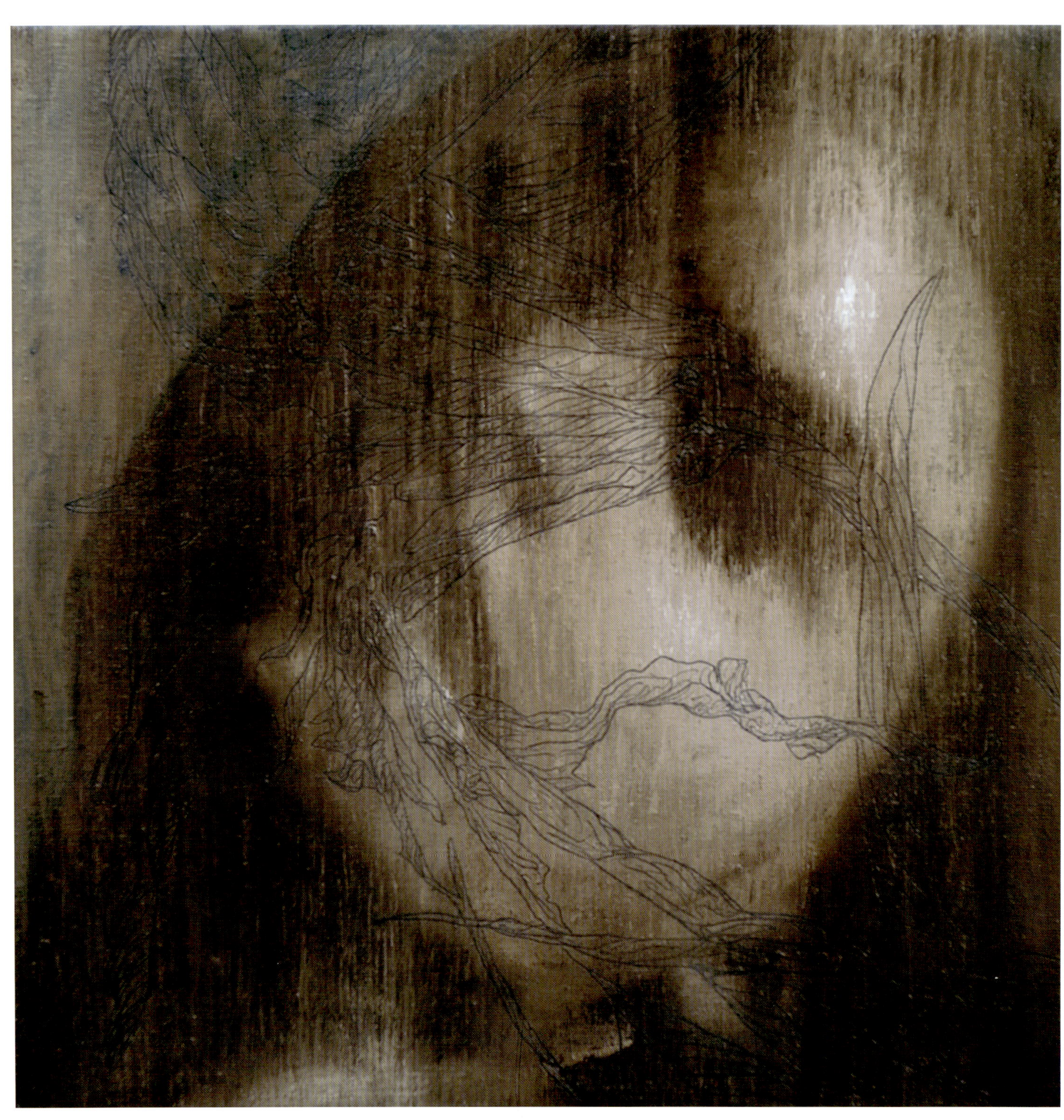

fiori insetti e santi | 2006

olio su tela + matita cm 50x50
oil on canvas + pencil cm 50x50

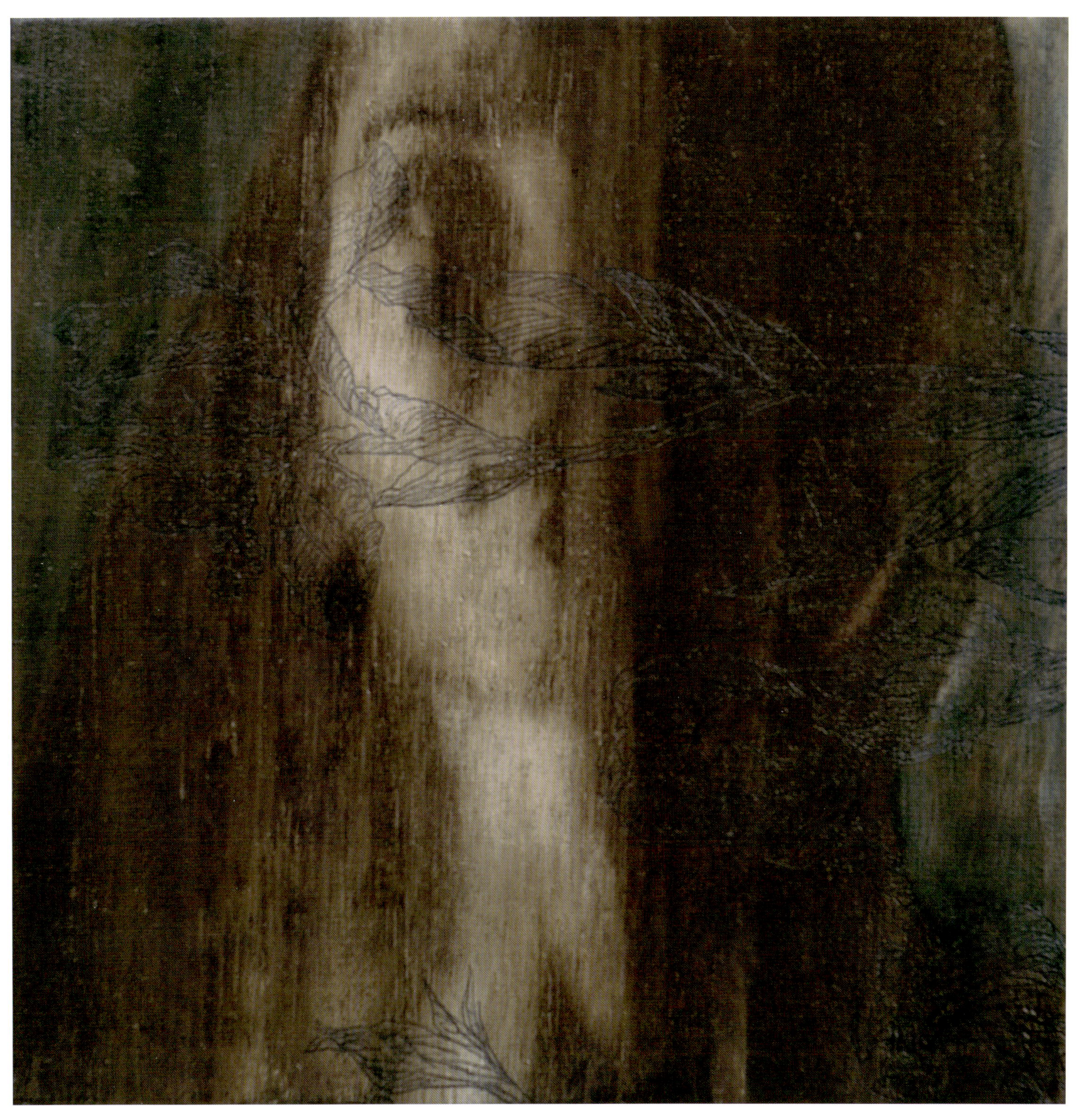

fiori insetti e santi | 2006

olio su tela + matita cm 50x50

oil on canvas + pencil cm 50x50

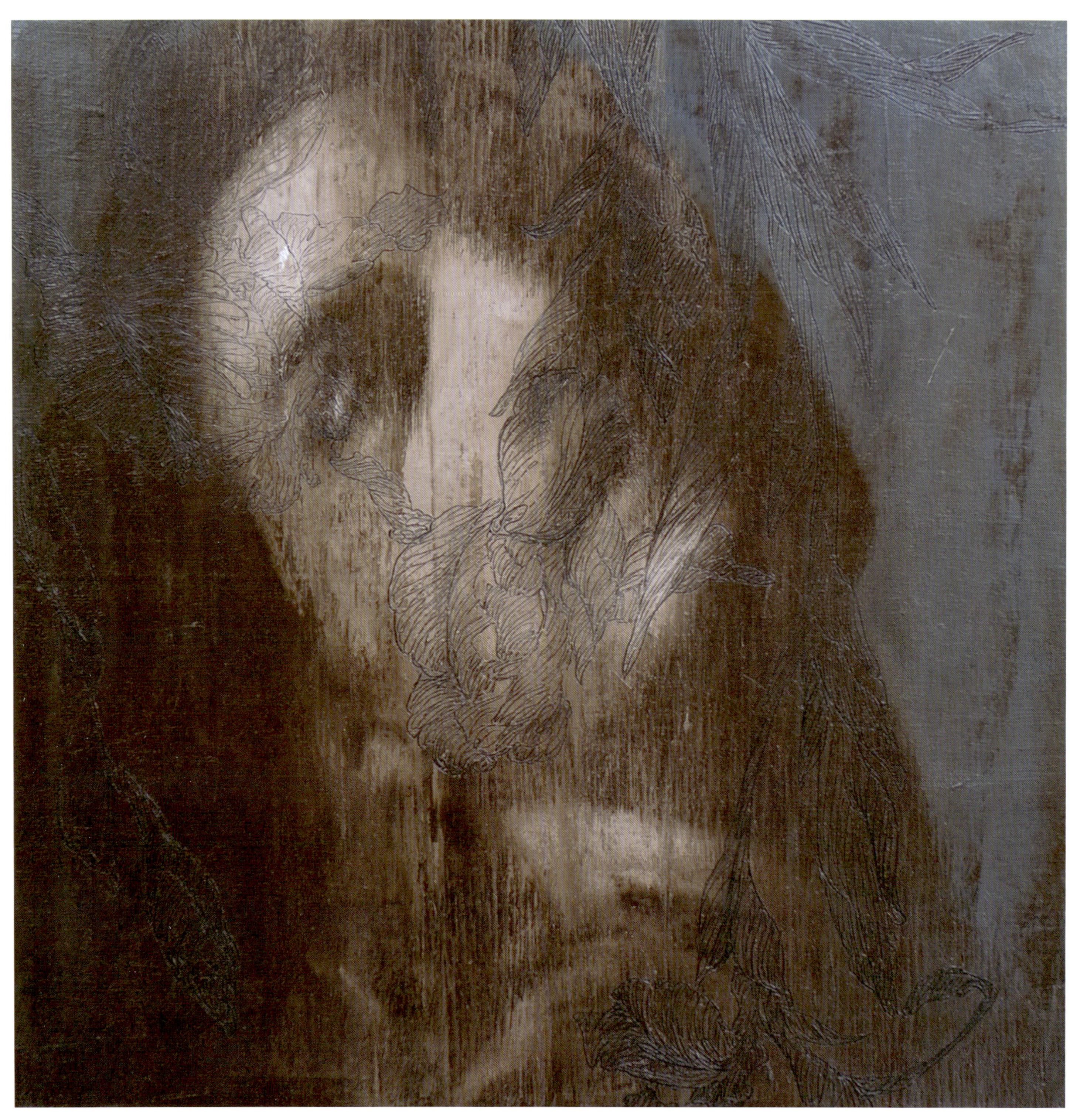

fiori insetti e santi | 2006

olio su tela + matita cm 50x50

oil on canvas + pencil cm 50x50

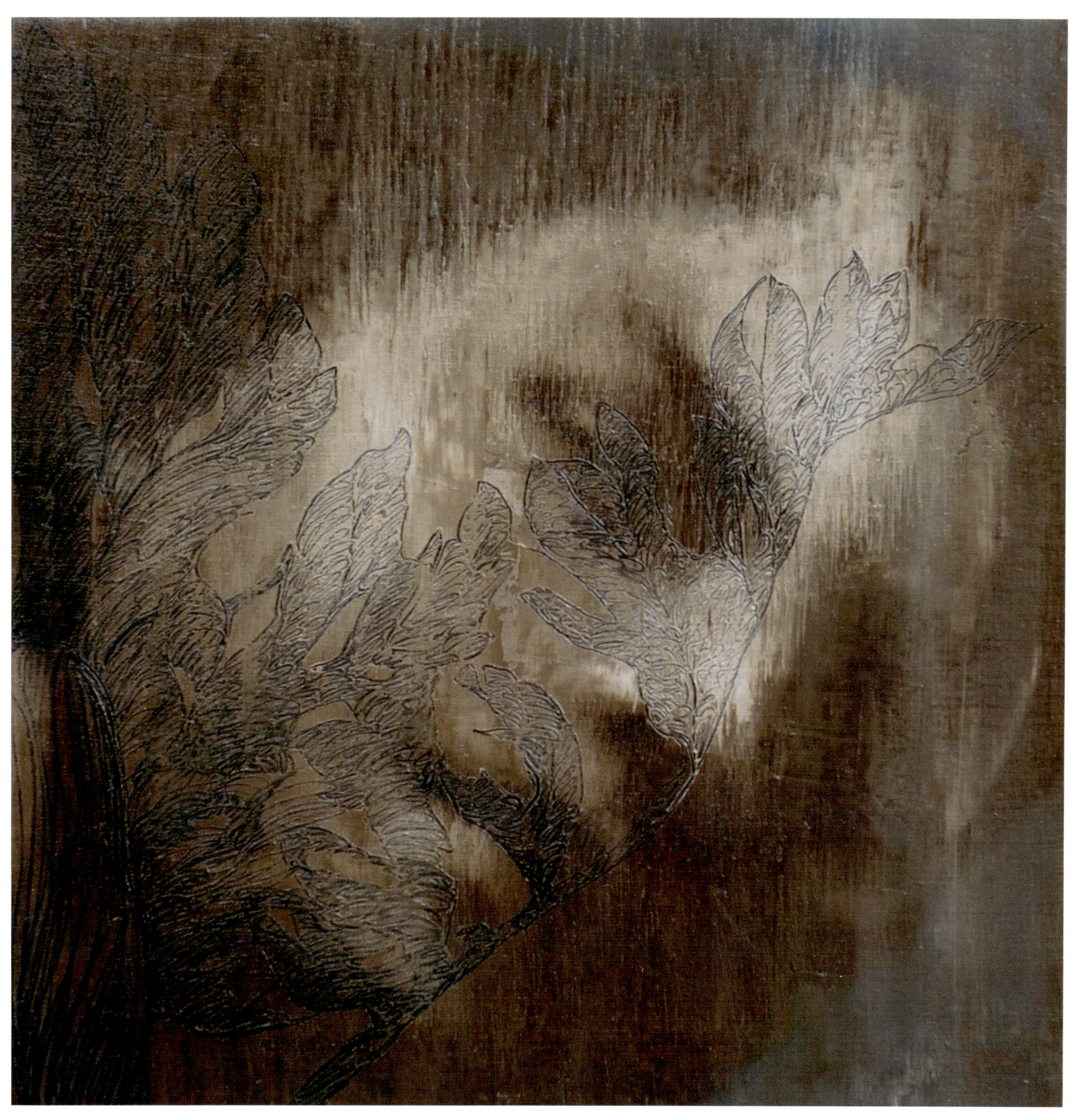

fiori insetti e santi | 2006

olio su tela + matita cm 50x50
oil on canvas + pencil cm 50x50

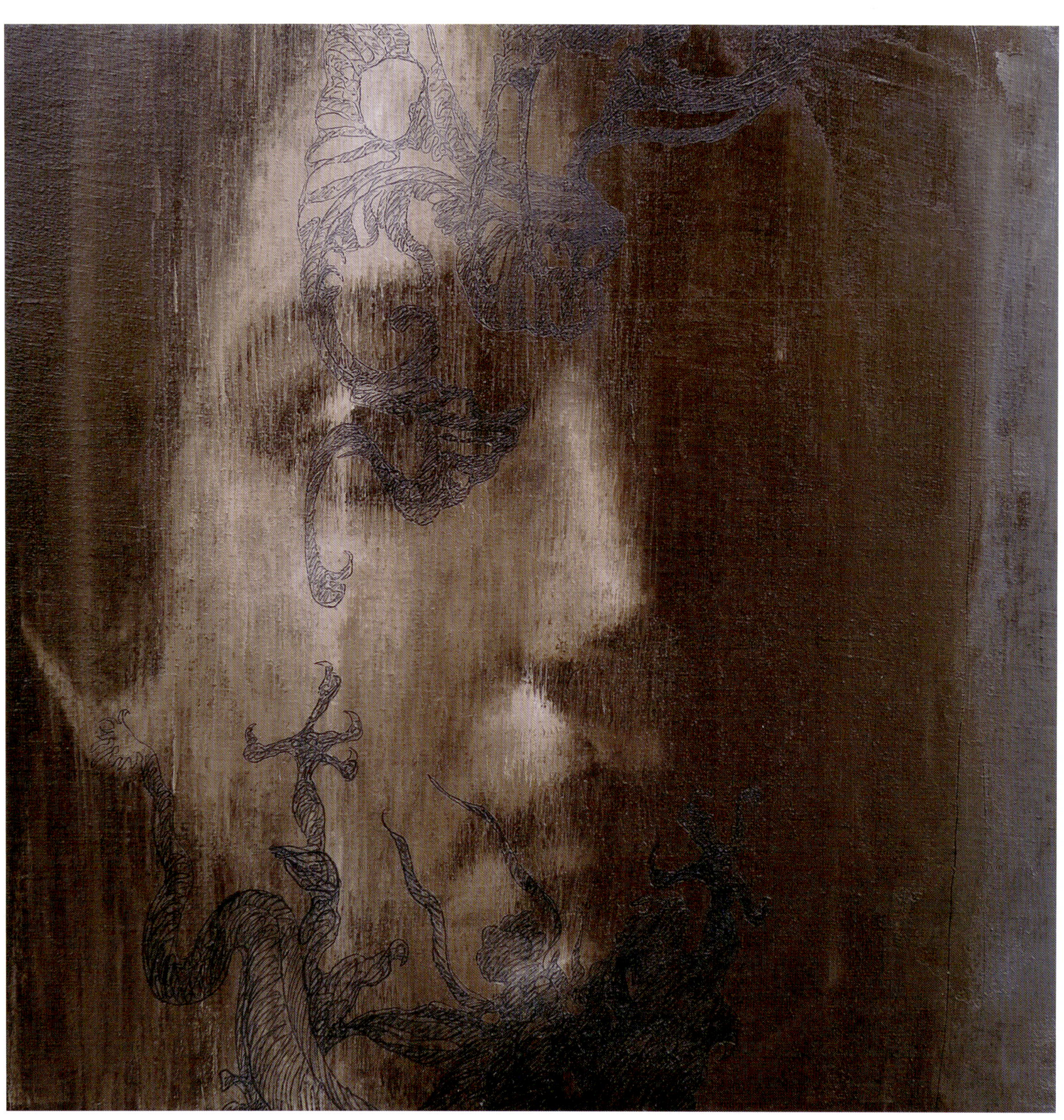

fiori insetti e santi | 2006

olio su tela + matita cm 100x100

oil on canvas + pencil cm 100x100

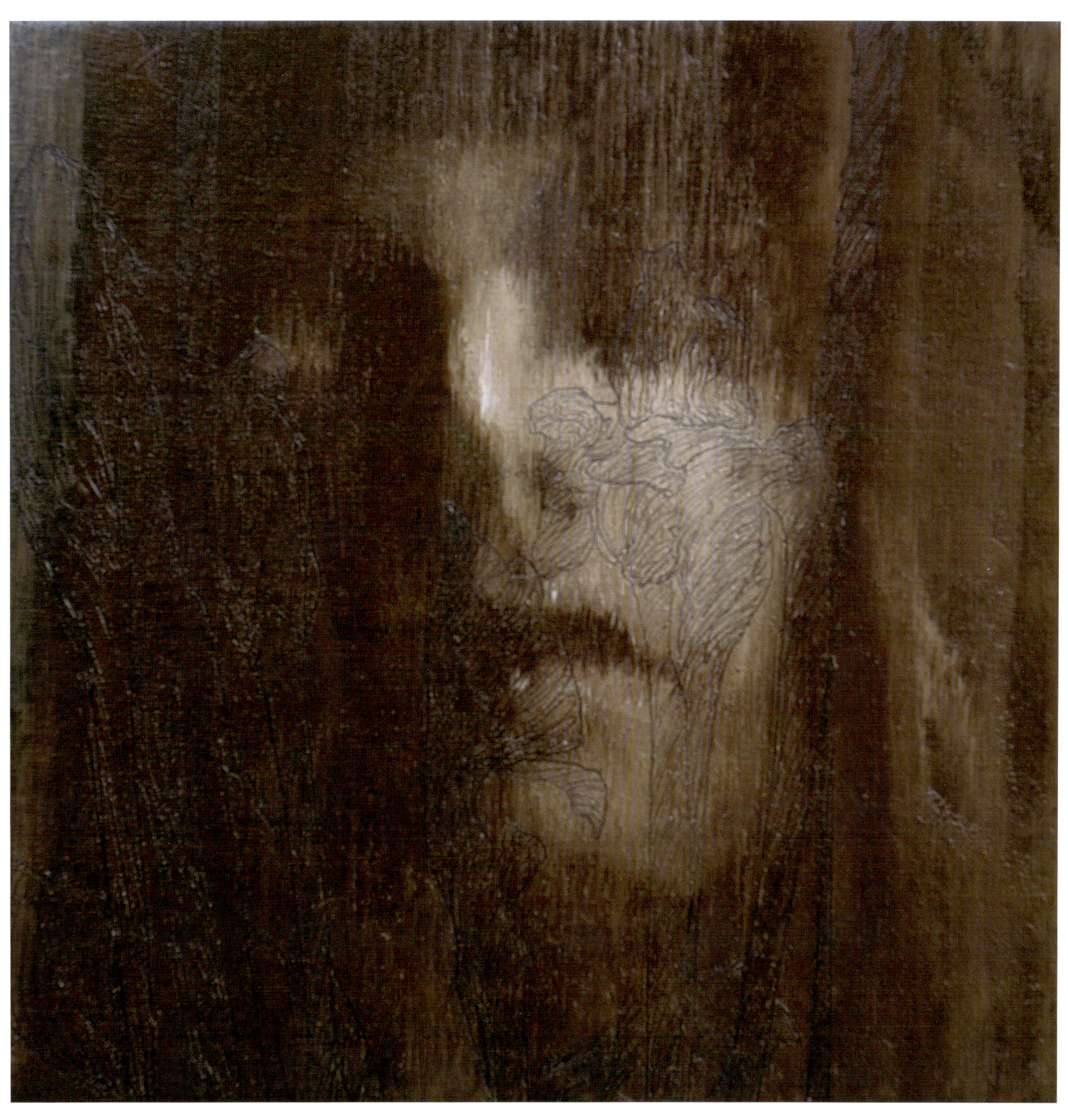

fiori insetti e santi | 2006

olio su tela + matita cm 50x50
oil on canvas + pencil cm 50x50

fiori insetti e santi | 2006-2007

olio su tela + matita cm 200x200
oil on canvas + pencil cm 200x200

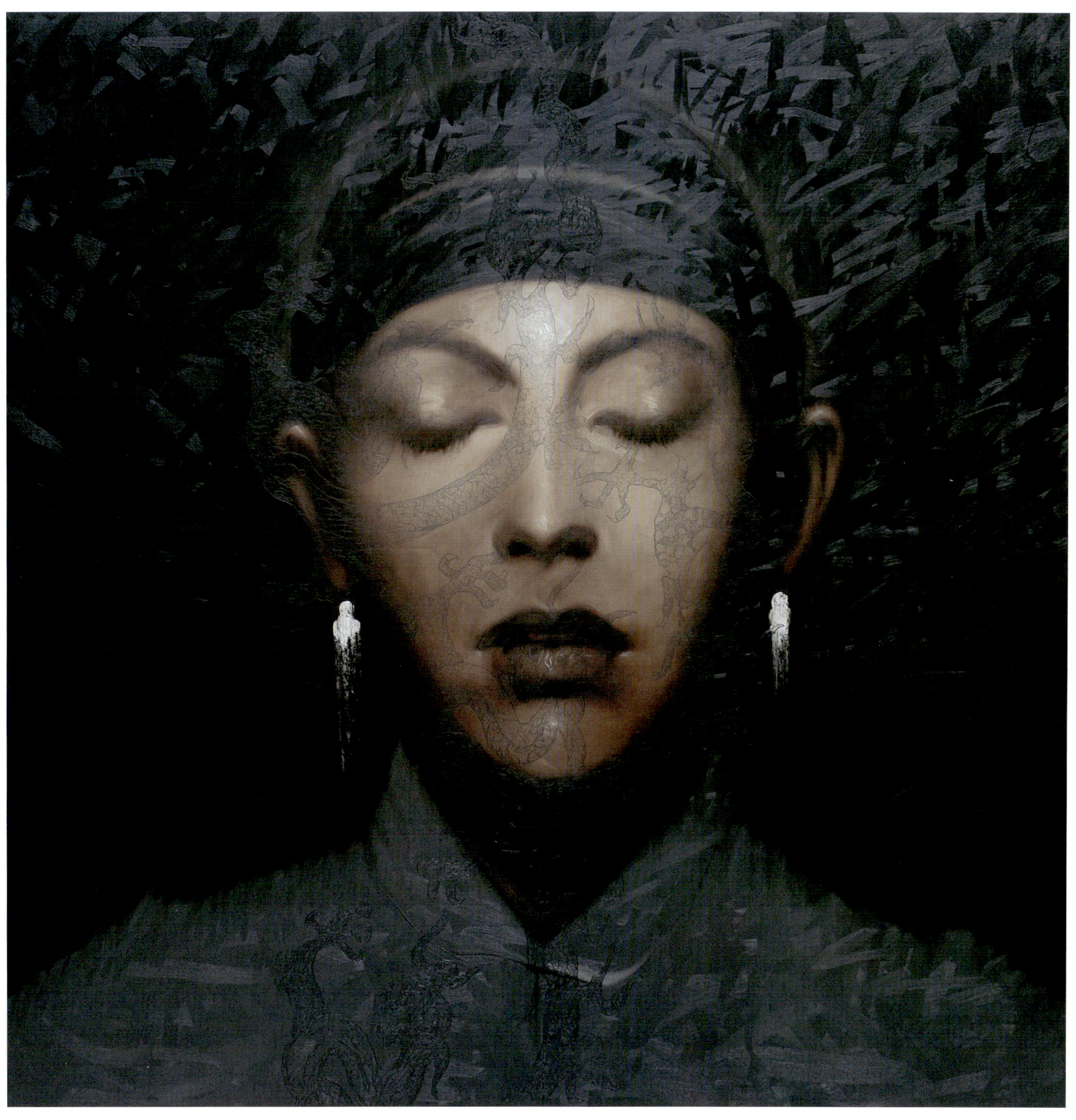

nero d'avorio | 2005

olio su tela cm 202x252
oil on canvas cm 202x252

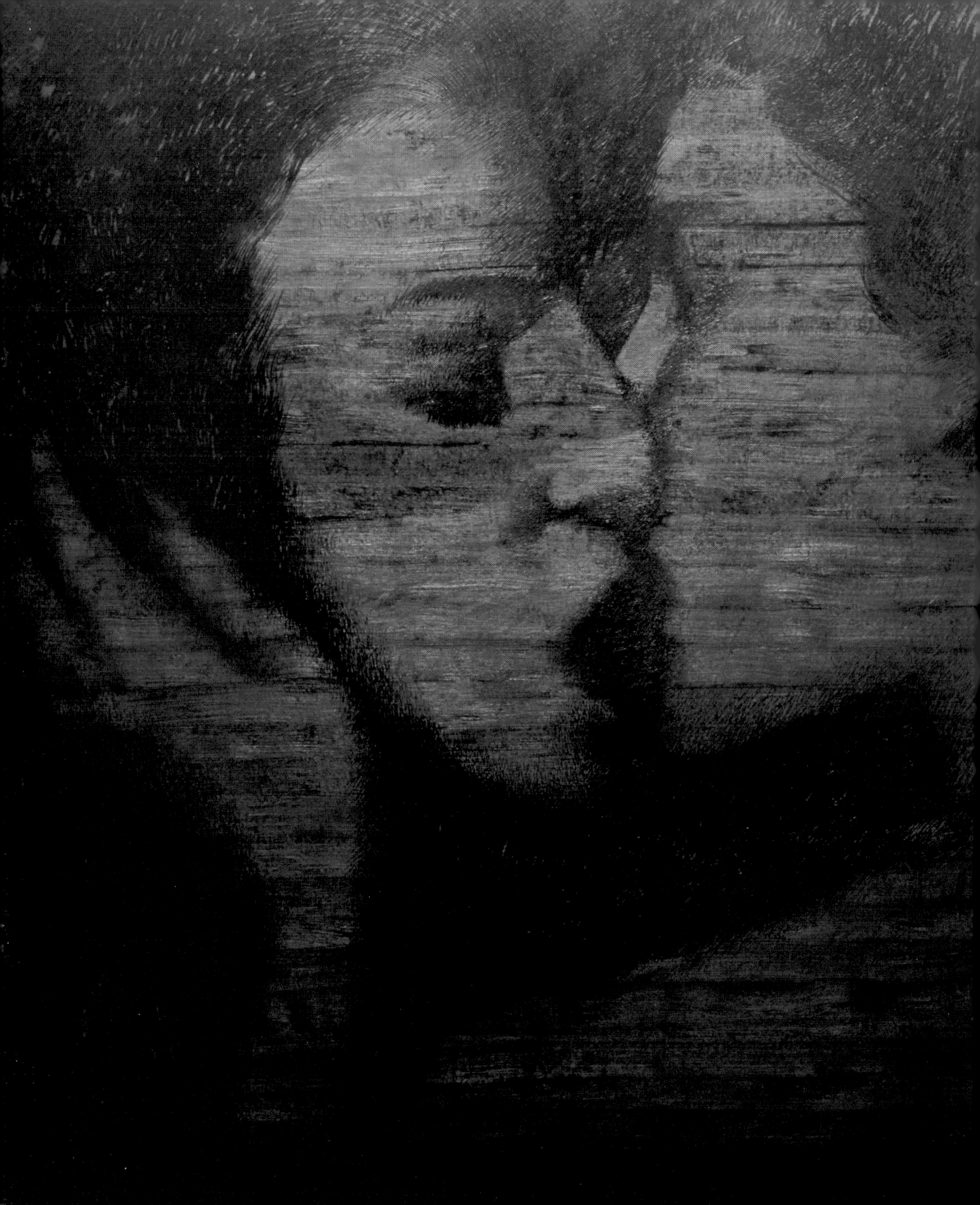

nuovi fiori nuovi santi per nelly | 2005

olio + matita + pastelli policromi su tela trittico cm 200x600
oil + pencil + polycromy pastels on canvas triptych cm 200x600

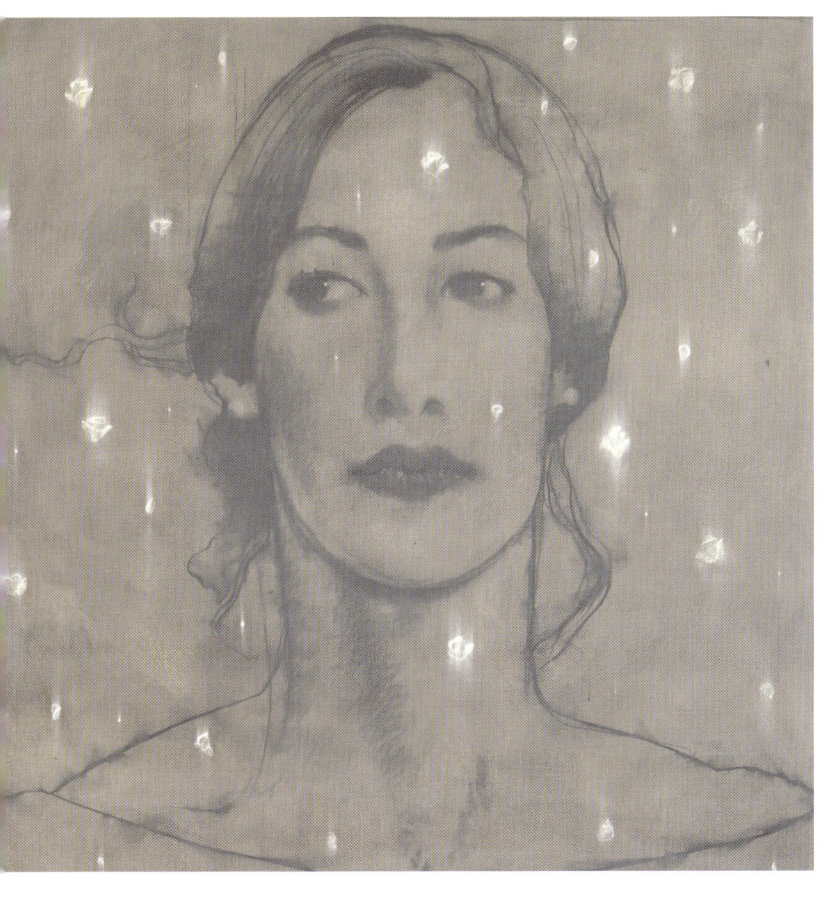

Along the docks and the sands towards the pyramids of Cheope I found a golden talisman on Laura's bosom that Amenofi gave me listening to the Carmina Burana by Carl Orff just as Ur exorted me to stay and his helmet was reflected in the glass of Andy Warhol's electric chair the Delphi charioteer was losing the ivory of his eyes in the sea of Pascali out of which came the Riace Bronzes to rekindle remote hopes in front of Joseph Beuys' bus stop from where I observed the Miron discus thrower while I listened to King Crimson's Island while above us dangled the bronze chandelier of the Cortona Museum and we listened to Light by Arnold Schönberg without having yet seen the shadow of the night of the Volterra museum nor the grave of the Swindler though we recalled an Odalisk by Rauschenberg in front of the Vettii villa and you told of the sacred Pizia of Piacenza and listened to Kiss me by the Cure while hands followed the veins of the pulpit by Giovanni Pisano and we rested on the floor of the Pisa baptistery and you were still under the influence of the Deposition by Niccolò dell'Arca in Bologna while close by someone listened to Bela Lugosi's Dead by Bauhaus and you'd never have imagined what we were to see in Theodoric's Mausoleum in Ravenna where the stone reminded you so much of the Rondanini Pietà by Michelangelo and you told me about the San Francis Chronicles by Giotto in Assisi and how Spiral Jetty by Smithson reminded you of the flagellation of Peter in Urbino and of a hotel room where you listened to the last track by the This Mortal Coil and you kept being visited by Masaccio's Crucifixion in Florence in Santa Maria Novella and the pinks and yellows were still those of Pontormo's deposition and the notes of Irrlicht by Klaus Schulze still combined with the veils of Leonardo's annunciation and the severed head of the Medusa by Caravaggio that announced the portrait of Papa Innocenzo by Francis Bacon and you would have liked to have reminded me of the mute by Raphael and the Assunta by Correggio in the Parma Duomo enveloping me in Robert Morris felts and even more in Turner's tarry tempest into which dissolved the gold of Gustave Moreau's Salome and the Green of Millais' Ophelia seen once more in the hues of Carmelo Bene's Salomé when you told me about the glints in Bonnard's bath tub and the rigours of Hugo Van der Goes' Annunciation you would have wanted to still have before you the Caresse by F. Khnopff and in your temples the 1st Movement of Mahler's 5th Symphony and under your nails the Albireo by Mossir Louis one could already feel the beat of Canova's Dedalus and Icarus when you couldn't remember any longer how many there were of De Chirico's Disquieting Muses when Picasso's Demoiselles d'Avignon were still a far cry from Van Gogh's severed ear and Monet's Water Lilies were there in the hands of Gina Pane imploring and on the door step you'd always put Orpheus by Odilon Redon and that child by Balthus with the knife and fork in front of Marc Rothko's Reds n. 5 that of all the skin of painting and no doubt come closer to the skinning of Apollo and Marsia painted by Titian in a room where Pollock could have painted just white light and from above would have asked Tintoretto if his George and the dragon on the tombstone of Yves Klein begged the cosmogonies of rain that you had seen just a few evenings earlier at the movies in Blade Runner after having been struck more than once in front of the Ilaria del Carretto in the Duomo of Lucca and you thought back then to the postcard of the Large Glass by Duchamp you meant to send to Alice and the stories by Peter Blake and all the Annunciations by Gerhard Richter or all the infinite lines by Pietro Manzoni you gave up finally in order to kneel suppliant before Giacometti's bronzes and to Brancusi and his wood pieces to the sky of the dragon by Victor Hugo stationary among the hair of Domenico Gnoli that you sought out in the Savage Messia by Ken Russell dazzled by the vast red in Alberto Burri that used to always send you photographs of Giorgione's three philosophers and you turned on your side for Lorenzo Lotto and his youngster that Chuck Close of the "Admiral Café" snapped with the teeth of the self portrait with black vase and splayed fingers by Egon Schiele who still admired himself in El Greco's Entierro and you always spoke to me of Anselm Kiefer's Parsifal seen in Zurich and of Paul Klee's seven moons where will the source of André Masson's Spring lie if you don't look for it tonight you won't find it anymore and you will delight yourself as usual with Tintoretto's Gethsemane and the honeyed gall that he loved so much as mixed by Peter Greenaway in the gardens of Compton House when he didn't even know Music for Airports by Brian Eno who among the books on my bookshelf caused Parmigianino's Long necked Madonna to slip out and you never noticed because you were always listening to Laurie Anderson and had Edvard Munch's Scream beneath your inkwell and even in the early morning you were distracted by Heinrich Füssli's nightmare and Savoldo's Tobiolo and the angel or a Fontana slash were non enough to cheer you up nor would the notes of Jarret's Koln Concerts have been enough to let you forget the trip to Malta when in front of Caravaggio's Baptist beheaded I spoke to you of Cadmium.

Omar Galliani, Rome 1987

Lungo le darsene e le sabbie verso le piramidi di Cheope ho trovato sul petto di Laura il talismano d'oro che Amenofi mi regalò ascoltando i Carmina Burana di Carl Orff proprio mentre Ur mi esortava a restare e il suo elmo si rifletteva sul vetro della sedia elettrica di Andy Warhol l'auriga di Delfi perdeva l'avorio dei suoi occhi nel mare di Pascali da cui i Bronzi di Riace riaccendevano lontane speranze davanti alla fermata dell'autobus di Joseph Beuys da dove osservavo il discobolo di Mirone mentre ascoltavo Island dei King Crimson e sopra di noi ciondolava il lampadario bronzeo del museo di Cortona e ascoltavamo Light di Arnold Schönberg senza aver ancora visto l'ombra della notte del museo di Volterra e la tomba del Truffatore ci ricordavamo però di un Odalisk di Rauschenberg davanti alla villa dei Vettii tu mi dicesti della sacra Pizia di Piacenza e ascoltavi Kiss me dei Cure mentre le mani seguivano le vene del pulpito di Giovanni Pisano e ci riposavamo sul pavimento del Battistero di Pisa e avevi ancora addosso la Deposizione di Niccolò dell'Arca a Bologna vicino qualcuno ascoltava Bela Lugosi's Dead dei Bauhaus non avresti mai immaginato cosa avremmo visto nel Mausoleo di Teodorico a Ravenna in cui la pietra ti ricordò tanto la Pietà Rondanini di Michelangelo tu mi dicesti delle Storie di San Francesco di Giotto ad Assisi e di come Spiral Jetty di Smithson ti ricordasse la flagellazione di Pietro ad Urbino in una stanza d'albergo mentre ascoltavi l'ultimo lavoro dei This Mortal Coil e più volte non smettesse di affacciarsi in te la Crocifissione di Masaccio a Firenze in Santa Maria Novella e i rosa e i gialli erano sempre quelli della deposizione del Pontormo e le note di Irrlicht di Klaus Schulze si fondessero ancora tra i veli dell'Annunciazione di Leonardo e la testa mozza di Medusa di Caravaggio che annunciava il ritratto di Papa Innocenzo di Francis Bacon e tu avresti voluto ricordarmi la muta di Raffaello e l'Assunta del Correggio nel duomo di Parma avvolgendomi nei feltri di Robert Morris e ancor più nel bitume della tempesta di Turner si stemperava l'oro di Salomè di Gustave Moreau e il verde dell'Ophelia di Millais tornava nei toni della Salomè di Carmelo Bene quando mi dicesti dei bagliori della vasca da bagno di Bonnard e dei rigori della annunciazione di Hugo Van der Goes avresti voluto avere ancora davanti La Caresse di F. Khnopff e nelle tempie il 1° movimento della 5a sinfonia di G. Mahler e sotto le unghie Albireo di Mossir Louis già si sentiva il battito del Dedalo e Icaro di Canova quando non ti ricordavi più quante fossero le Muse inquietanti di De Chirico e le Demioselles d'Avignon di Picasso erano ancora lontane dall'autoritratto con l'orecchio mozzo di Van Gogh e le ninfee di Monet lì nelle mani di Gina Pane implorante e sulla porta di casa mettevi sempre Orfeo di Odilon Redon e quella bambina di Balthus con la forchetta e il coltello davanti a Reds n. 5 di Marc Rothko che di tutta la pelle della pittura è senz'altro il più vicino allo scuoiamento di Apollo e Marsia dipinto da Tiziano in una stanza dove Pollock avrebbe potuto dipingere soltanto luce bianca e dall'alto avrebbe chiesto a Tintoretto il suo San Giorgio e il drago sulla lapide di Yves Klein implorava le cosmogonie della pioggia che hai visto sere fa al cinema in Blade Runner dopo esserti colpita più volte davanti a Ilaria del Carretto del Duomo di Lucca e ti rammentasti allora della cartolina del Grande Vetro di Duchamp da spedire ad Alice e alle storie di Peter Blake e a tutte le annunciazioni di Gerhard Richter o a tutte le linee infinite di Pietro Manzoni hai rinunciato infine per inchinarti poi supplice a Giacometti nei bronzi e a Brancusi nei legni al cielo del drago di Victor Hugo fermo tra i capelli di Domenico Gnoli che rincorrevi nel Messia Selvaggio di Ken Russell abbagliato dal grande rosso di Alberto Burri che ti inviava sempre foto dei tre filosofi di Giorgione e ti girasti sui fianchi per Lorenzo Lotto e il suo giovinetto che Chuck Close all' "Admiral Cafè" spezzò con i denti dell'autoritratto con vaso nero e dita divaricate di Egon Schiele che si rimirava sempre l'Entierro del Greco e tu mi parlavi sempre del Parsifal di Anselm Kiefer visto a Zurigo e delle sette lune di Paul Klee dove sarà la Sorgente di André Masson se non la cerchi stanotte non la troverai mai più e ti delizierai come al solito del Getsemani di Tintoretto e del fiele col miele che lui amava tanto come Peter Greenaway che nei giardini di Compton House ha mescolato senza conoscere Music for Airports di Brian Eno che tra i libri del mio scaffale fece sgusciare fuori una Madonna dal collo lungo del Parmigianino e tu non te ne accorgesti poiché ascoltavi sempre Laurie Anderson e tenevi sotto il calamaio L'Urlo di Edvard Munch e già di primo mattino ti distraeva l'incubo di Heinrich Füssli e non ti bastavano Tobiolo e l'angelo del Savoldo o un taglio di Fontana a rasserenarti e neanche le note di concerti del Köln Concert di Jarrett sarebbero bastate a farti dimenticare il viaggio a Malta, quando davanti alla Decollazione del Battista di Caravaggio ti parlai di Cadmio.

Omar Galliani, Roma 1987

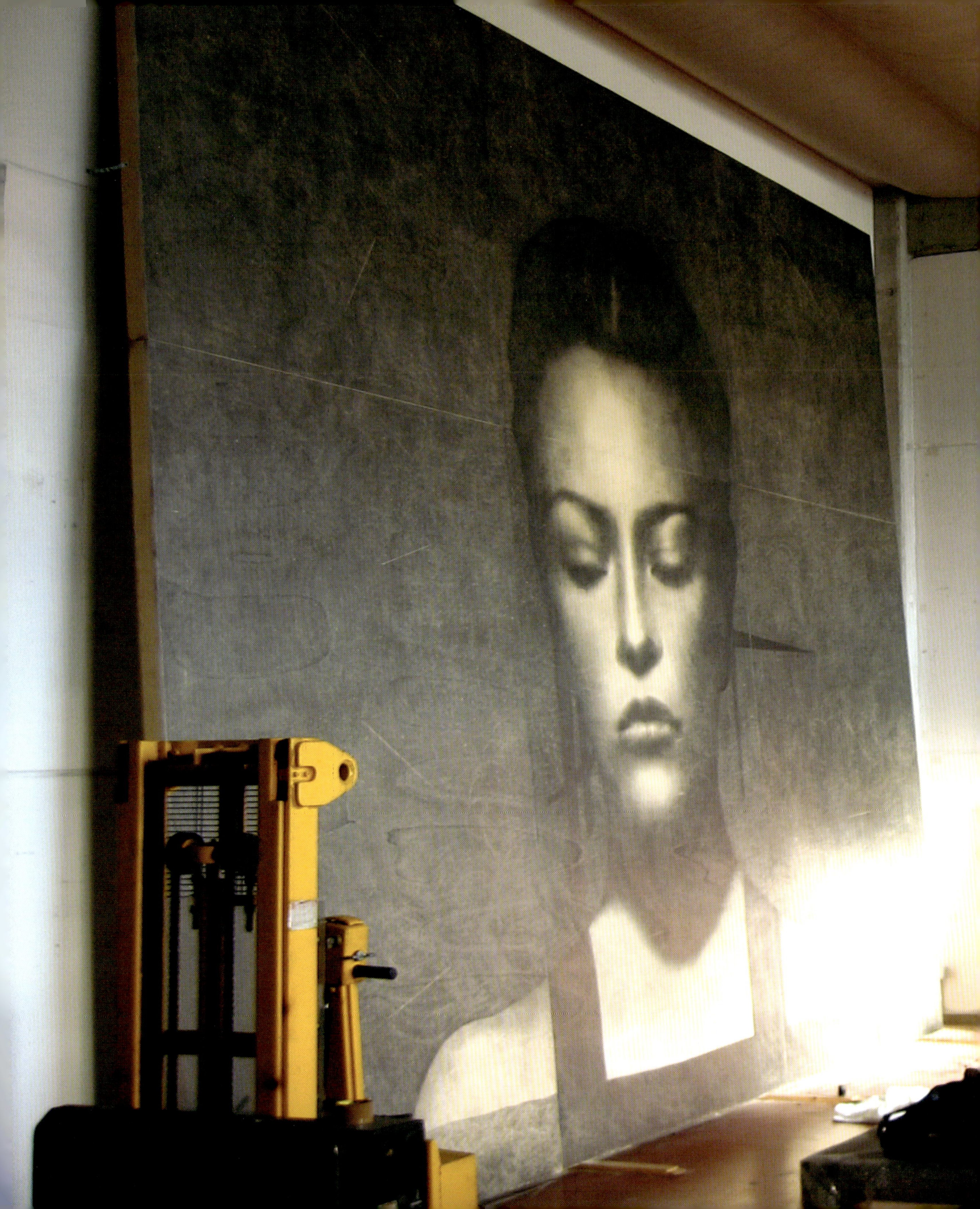

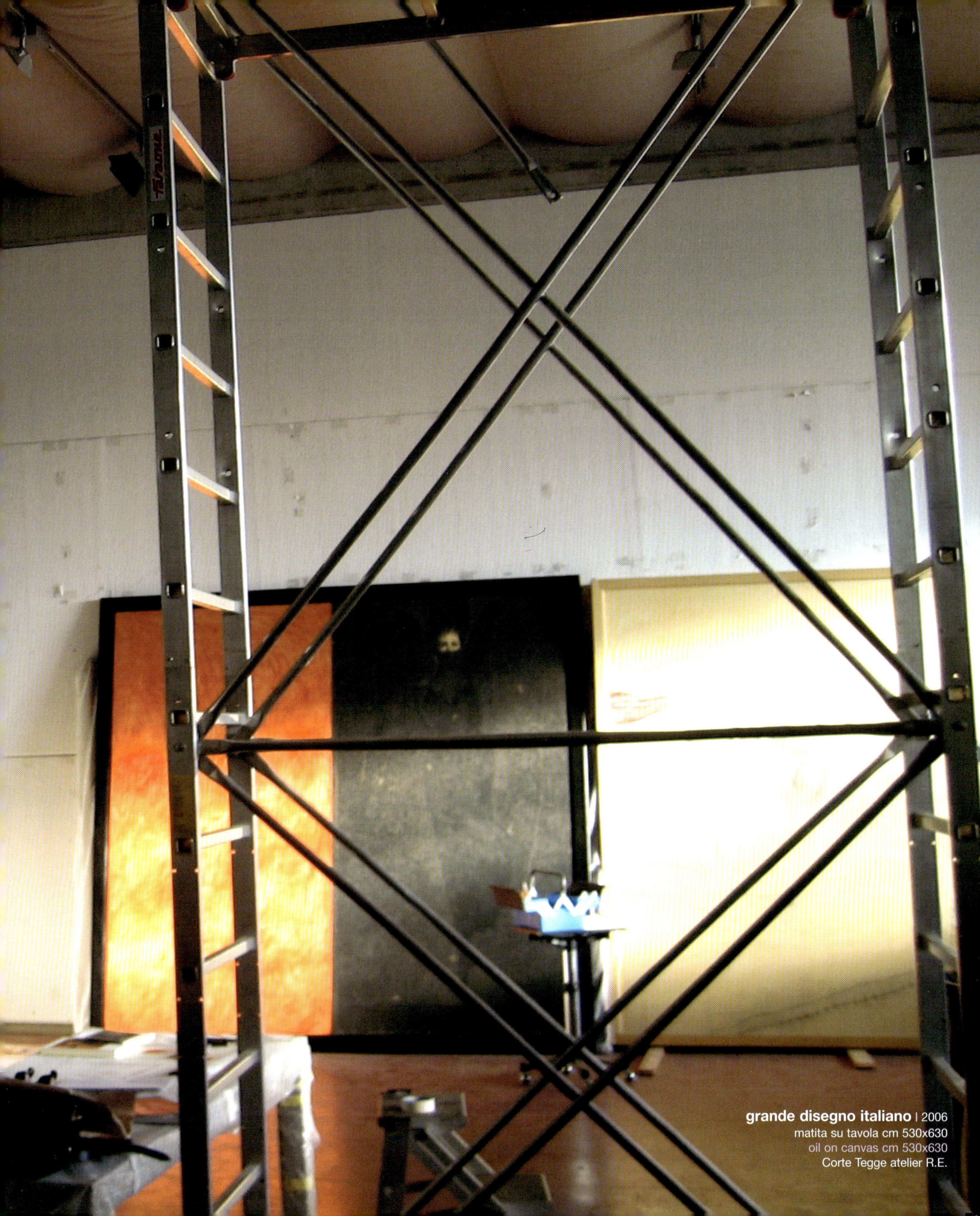

grande disegno italiano | 2006
matita su tavola cm 530x630
oil on canvas cm 530x630
Corte Tegge atelier R.E.

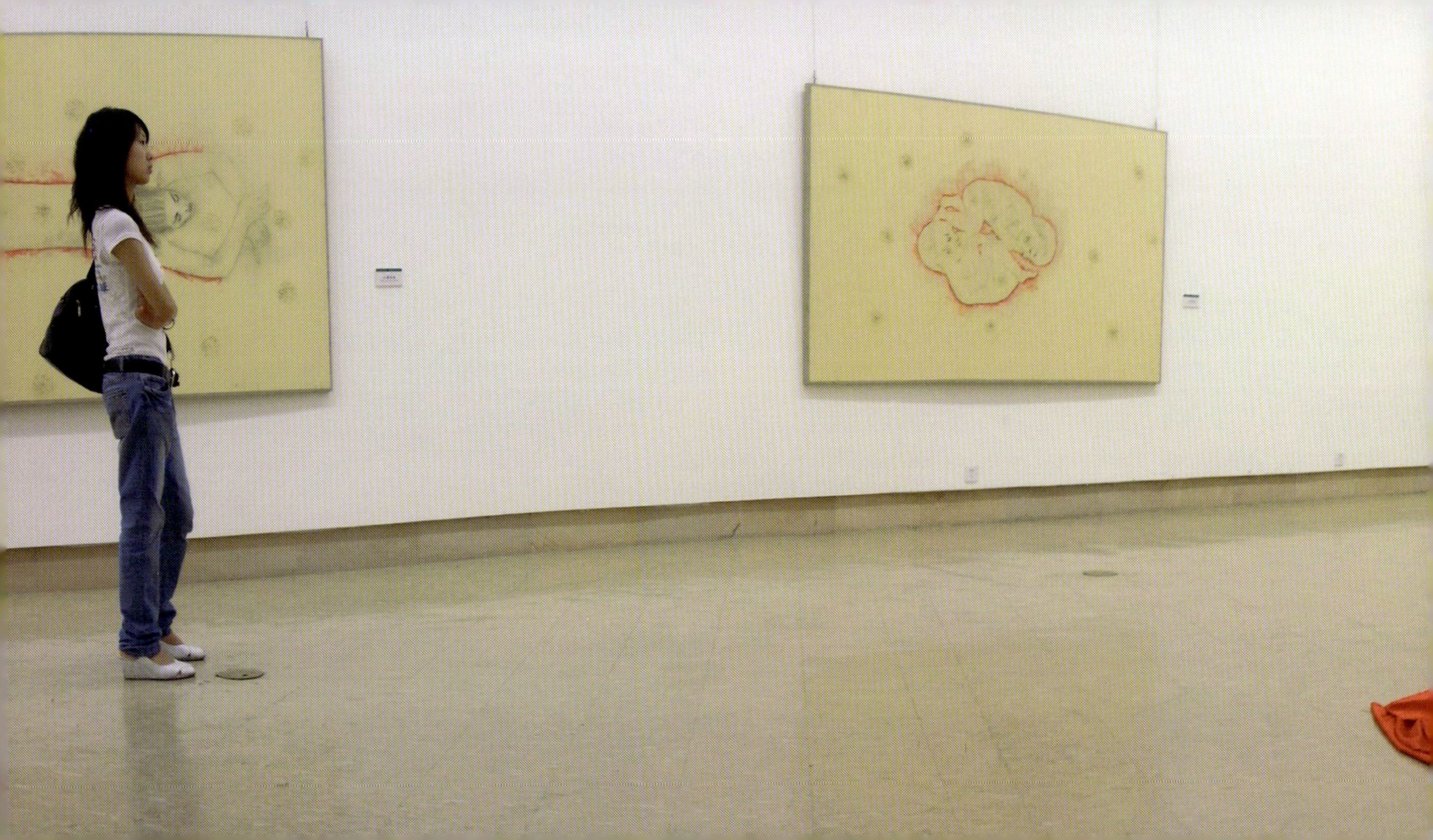

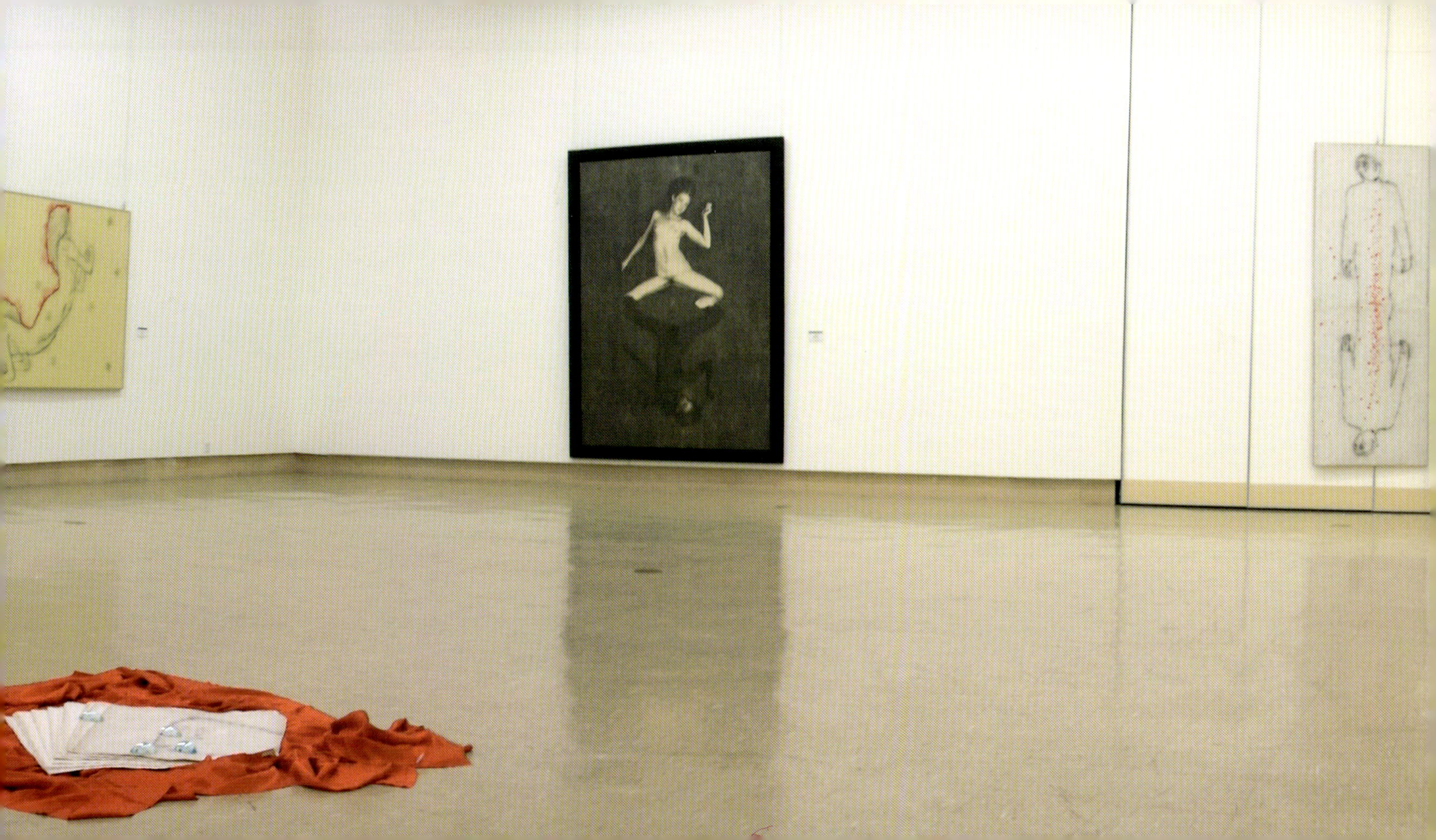

ESSENTIAL BIOGRAPHY

Born in 1954 in Montecchio Emilia, Italy, where he lives and works Galliani studied at the Academy of Fine Arts of Bologna and teaches painting at the Academy of Fine Arts of Carrara. In the early 1980s he was a prominent member of the Anachronism group and also the Magico Primario. He participated in three editions of the Venice Biennale, where in 1984 he had a solo exhibition in the Italian pavilion section "Arte allo Specchio." Also in the 80s he participated in the São Paulo Brazil Biennial and in the XII Biennial of Paris. He exhibited at the Modern Art Museums of Tokyo, Kyoto, Nagasaky and Hiroshima, at the Hayward Gallery of London and in two editions of the Quadrennial of Rome, at the Gallery of Modern Art of Bologna, the National Gallery of Modern Art of Rome, and at the Frankfurter Kunstverein of Frankfurt and Berlin. In the 1990s his work was presented at the Scottsdale Center for the Arts in Arizona, at Marian Locks Gallery of Philadelphia, at Arnold Herstand Gallery of New York and "Feminine Countenances" was presented at New York University. In 2000, the exhibition "Aurea" was presented at the Museum of the Central Academy of Fine Arts, Beijing. He then showed at Palazzo delle Stelline in Milan, at the Galleria Civica of Modena, the Museum of Modern Art of Budapest, Palacio Foz of Lisbon, at PAC in Milan. In 2003 the artist was invited to show at the Biennial of Prague and in the first Beijing Biennial where he was awarded first prize. In 2005, at the State Archives of Torino, Galliani organized the exhibition "Grande Disegno Italiano", where his graphite on panel (poplar) drawing measuring 5x6,3 meters confronted a preparatory drawing for "The Virgin of the Rocks" by Leonardo Da Vinci. Da Vinci's "Flight of the Angel" was contemporaneously exhibited at the Biblioteca Reale. The solo exhibition "Nuove Anatomie" was presented at Palazzo Magnani in Reggio Emilia. Also in 2005 the Museum of Contemporary Art of Guadalajara (Mexico) presented the solo exhibition "Nuovi Fiori Nuovi Santi". Spazio Mazzotta in Milan presents "La Figlia era Nuda". Beginning in 2006 and continuing through 2007, his solo exhibition "Disegno Italiano" opened in China and is travelling to the Modern and Contemporary Art Museums of Shanghai, Chengdu, Jinan, Xian, Wuhan, Hangzhou, Ningbo, Nanchino, Dalian, Tientsin, Beijing, Hong Kong. Also in 2006 the University and Museum of Caracas (Venezuela) hosted his solo exhibition, "Disegnarsi", that in 2007 will move to Museum Hassan of Rabat (Morocco).

BIOGRAFIA ESSENZIALE

Nato nel 1954 a Montecchio Emilia, dove vive, Galliani ha studiato all'Accademia di Belle Arti di Bologna e insegna Pittura all'Accademia di Belle Arti di Carrara. Agli inizi degli anni Ottanta è stato un esponente di spicco del gruppo degli Anacronisti e del Magico Primario. Ha partecipato a tre edizioni della Biennale di Venezia e in quella del 1984 ha avuto una sala personale nella sezione Arte allo Specchio. Sempre negli anni Ottanta ha partecipato alla Biennale di San Paolo del Brasile e alla XII Biennale di Parigi. Ha esposto al Museo d'Arte Moderna di Tokyo, Kyoto, Nagasaky, Hiroschima, alla Hayward Gallery di Londra, a due edizioni della Quadriennale di Roma, alla Galleria d'Arte Moderna di Bologna, alla Galleria Nazionale d'Arte Moderna di Roma, al Frankfurter Kunstverein di Francoforte e Berlino. Negli anni Novanta, il suo lavoro è stato presentato allo Scottsdale Center for the Arts dell'Arizona, alla Marian Locks di Philadelphia e dalla Arnold Herstand Gallery di New York; alla New York University ha presentato "Feminine Countenances". Nel 2000 ha presentato "Aurea" al Museum of the Central Academy of Fine Arts di Pechino. Ha poi esposto presso il Palazzo delle Stelline a Milano, alla Galleria Civica di Modena, al Museo d'Arte Moderna di Budapest, a Palacio Foz di Lisbona, al PAC di Milano. Nel 2003, l'artista è invitato alla Biennale di Praga e alla prima edizione di quella di Pechino, dove vince il primo premio. Nel 2005, all'Archivio di Stato di Torino viene allestita la mostra "Grande Disegno Italiano", in cui un suo disegno (5x6,3m), grafite su pioppo, è messo a confronto con il volto dell'angelo di Leonardo, preparatorio della Vergine delle Rocce esposto alla Biblioteca Reale. A Palazzo Magnani di Reggio Emilia ha presentato la personale "Nuove Anatomie". Sempre nel 2005 il Museo d'Arte Contemporanea di Guadalajara (Messico) inaugura una sua personale dal titolo "Nuovi Fiori Nuovi Santi". Lo Spazio Mazzotta di Milano presenta "La Figlia era Nuda". Dal 2006 una sua personale dal titolo "Disegno Italiano" sta girando in Cina i Musei d'Arte Moderna e Contemporanea di: Shanghai, Chengdu, Jinan, Xian, Wuhan, Hangzhou, Ningbo, Nanchino, Dalian, Tientsin, Pechino, Hong Kong. Sempre nel 2006 l'Università e il Museo di Caracas (Venezuela) hanno ospitato una sua personale dal titolo "Disegnarsi", che nel 2007 si sposterà al Museo Hassan di Rabat (Marocco).

Printed in Italy, January 2007 by Grafiche Damiani, Bologna